MODULAR
RURAL HOUSES

© 2025 Instituto Monsa de ediciones.

First edition in April 2025 by Monsa Publications,
Carrer Gravina 43 (08930) Sant Adrià de Besós.
Barcelona (Spain)
T +34 93 381 00 93
www.monsa.com
monsa@monsa.com

Editor and Project director Anna Minguet
Art Director: Layout and Cover Design
Eva Minguet (Monsa Publications)
Printed in Spain
Shop online:
www.monsashop.com

Follow us!
Instagram: @monsapublications

ISBN: 978-84-17557-82-9
B 183-2025

MODULAR
RURAL HOUSES

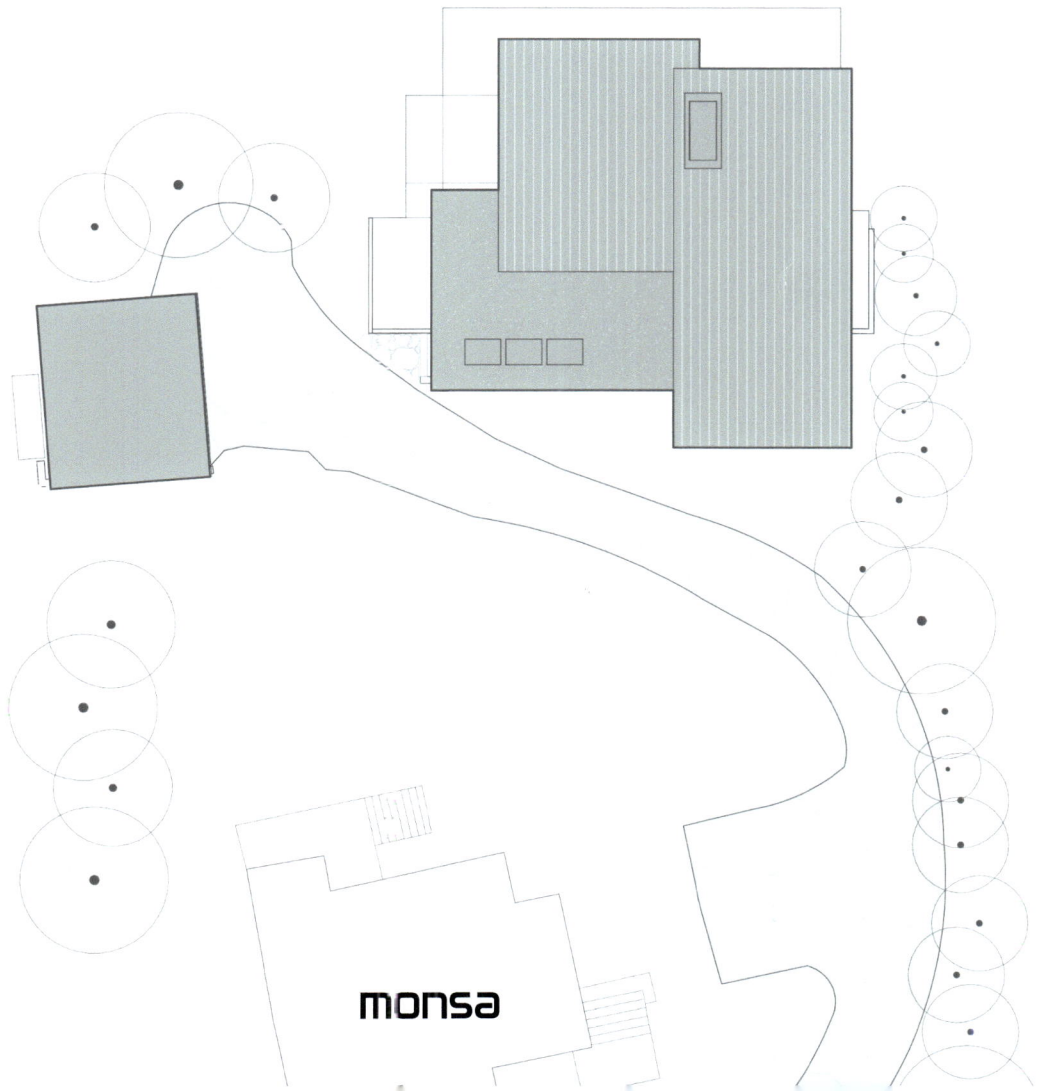

monsa

INTRO Introducción

Architecture has always been a reflection of our ability to adapt to new environments, technologies, and challenges. In this book, we explore a contemporary approach that transforms the way we conceive and inhabit rural spaces: modular homes and container-based constructions.

Modularity offers unprecedented flexibility, allowing for the rapid and precise assembly of customizable, scalable structures. These homes stand out for their adaptability to various terrains, ease of transport, and reduced construction time—qualities that are especially valuable in rural settings, where accessibility and respect for the natural environment are paramount.

On the other hand, the use of recycled containers represents a bold and sustainable solution, repurposing industrial elements into functional and inviting homes. Their durability, availability, and low cost make them an efficient option for those seeking to minimize environmental impact without sacrificing comfort or contemporary design.

Through this collection of projects, we demonstrate how these architectural solutions not only meet the practical needs of rural living but also redefine the concept of sustainable housing by seamlessly integrating with natural landscapes. This book is an invitation to rethink the future of rural architecture: flexible, efficient, and deeply connected to its surroundings.

La arquitectura siempre ha sido un reflejo de nuestra capacidad para adaptarnos a nuevos entornos, tecnologías y desafíos. En este libro, exploramos un enfoque contemporáneo que transforma la manera en que concebimos y habitamos los espacios rurales: las casas modulares y las construcciones hechas con containers.

La modularidad ofrece una flexibilidad sin precedentes, permitiendo ensamblar estructuras personalizables y escalables con rapidez y precisión. Estas viviendas destacan por su capacidad de adaptación al terreno, su fácil transporte y su reducido tiempo de construcción, características que resultan especialmente valiosas en entornos rurales, donde la accesibilidad y el respeto por el entorno natural son primordiales.

Por otro lado, el uso de containers reciclados representa una solución audaz y sostenible que reinventa elementos industriales para convertirlos en hogares funcionales y acogedores. Su robustez, disponibilidad y bajo costo los convierten en una opción eficiente para quienes buscan minimizar el impacto medioambiental sin renunciar al confort o al diseño contemporáneo.

A través de esta recopilación de proyectos, mostramos cómo estas soluciones arquitectónicas no solo responden a las necesidades prácticas de la vida rural, sino que también redefinen el concepto de vivienda sostenible, integrándose de manera armoniosa en paisajes naturales. Este libro es una invitación a repensar el futuro de la arquitectura rural: flexible, eficiente y profundamente conectada con su entorno.

INDEX Índice

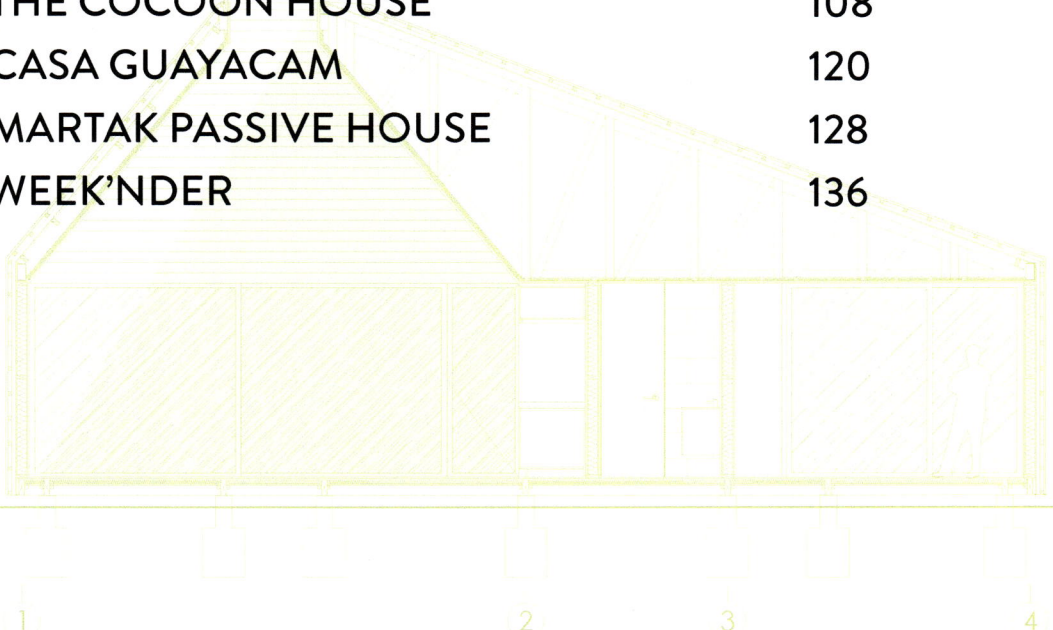

ARUN ARUMUGASWAMY & ARCHANA INKU SHAH RESIDENCE

Silver Spring, Maryland, United States | Architect: Travis Price Architects | Photos: © Dan Westergren

The site was a rare find inside the beltway along the flowing Sligo Creek on a high cliff abutting Washington, DC. The clients were in love with Sea Container modernism. Indeed airplanes, cars and more were a big part of Arun's life and passion. The elegant simplicity was a keen element for both Arun and Archana and their new twin wee ones. Looking over the creek in a well-wooded neighborhood was magnificent. The design construction is a simple 4-sea container-hybrid. The home is constructed with 4 - 8'x40'x9'6" tall sea containers split apart. A two-story living room 20 ft wide is a simple TJI span. The entire home sits on a concrete basement/foundation with an attached workshop/garage. The second floor has access to a green roof food garden well away from the never-ending deer/rabbit invaders. The use of extended steel/glass "bump-outs" added the key ingredients to widen the container rooms with views left, right, and skyward. Most of the landscape was fully preserved as well as existing highly regulated eco storm water management hardscapes. The design lyric was the elegant simplicity of modern repurposed metals that celebrate the flight of a pilot and the serenity of a healer. In concert, the design created unexpected sky views floating over the soft treetops and the cascading stream.

El emplazamiento era un raro hallazgo dentro de la circunvalación, a lo largo del caudaloso Sligo Creek, en un alto acantilado colindante con Washington, DC. Los clientes estaban enamorados del modernismo de los contenedores marítimos. De hecho, los aviones, los coches y demás formaban parte de la vida y la pasión de Arun. La elegante sencillez fue un elemento muy apreciado tanto por Arun y Archana como por sus nuevos gemelos. La vista sobre el arroyo en un barrio bien arbolado era magnífica. La construcción del diseño es un simple contenedor-híbrido. La casa está construida en base a 4 contenedores marítimos separados de 8'x40'x9'6" de altura con una sala de estar de dos pisos de 20 pies de ancho. Toda la casa se asienta sobre un sótano/fundación de hormigón con un taller/garaje adjunto. El segundo piso tiene acceso a un huerto en el techo verde bien lejos de los invasores de ciervos y conejos. El uso de «bump-outs» extendidos de acero/vidrio añadió los ingredientes clave para ampliar las salas de contenedores con vistas a la izquierda, a la derecha y al cielo. La mayor parte del paisaje se conservó íntegramente, así como los paisajes duros de gestión de aguas pluviales, altamente regulados. La lírica del diseño se basó en la elegante simplicidad de los modernos metales reutilizados que celebran el vuelo de un piloto y la serenidad de un sanador. En conjunto, el diseño creó unas inesperadas vistas del cielo flotando sobre las suaves copas de los árboles y el arroyo en cascada.

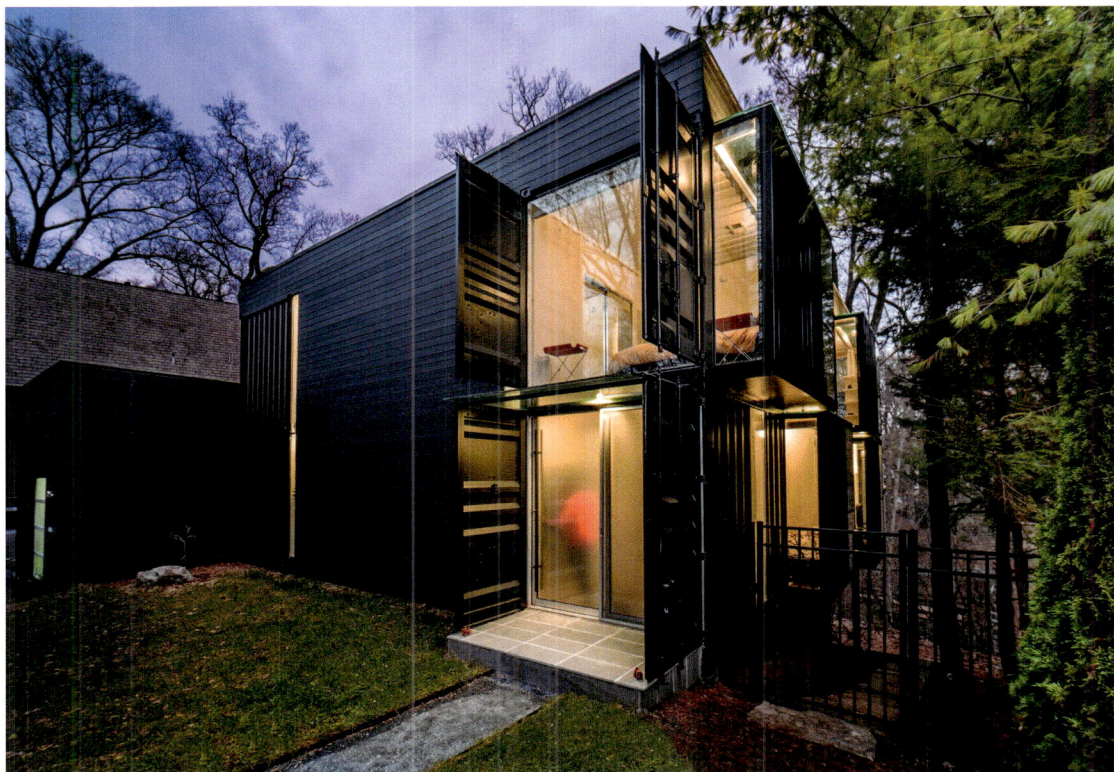

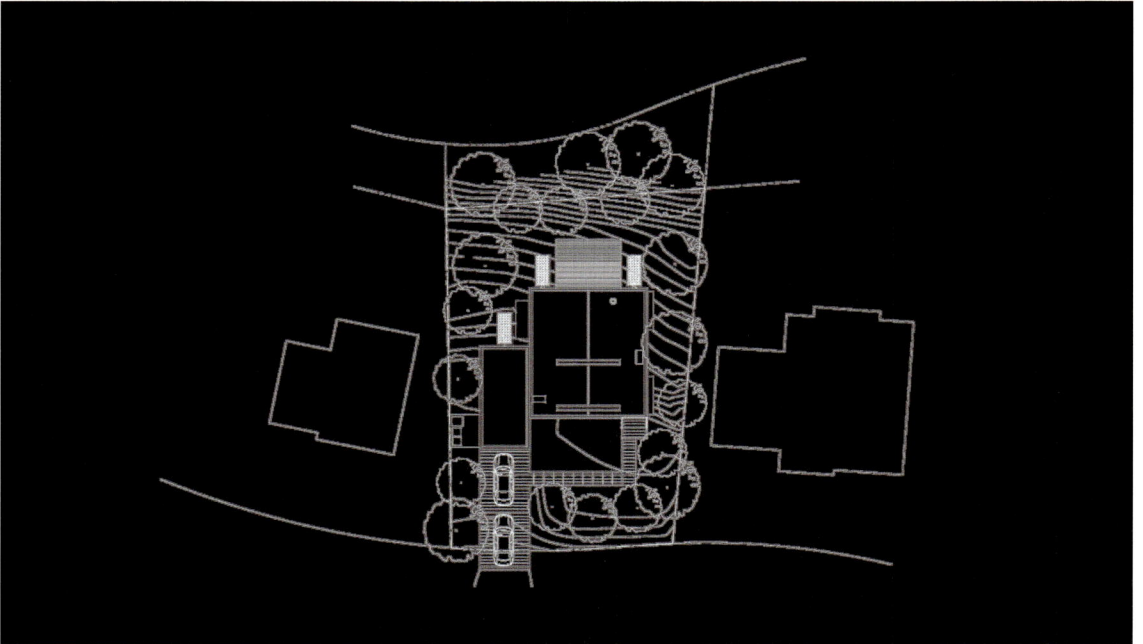

Site plan

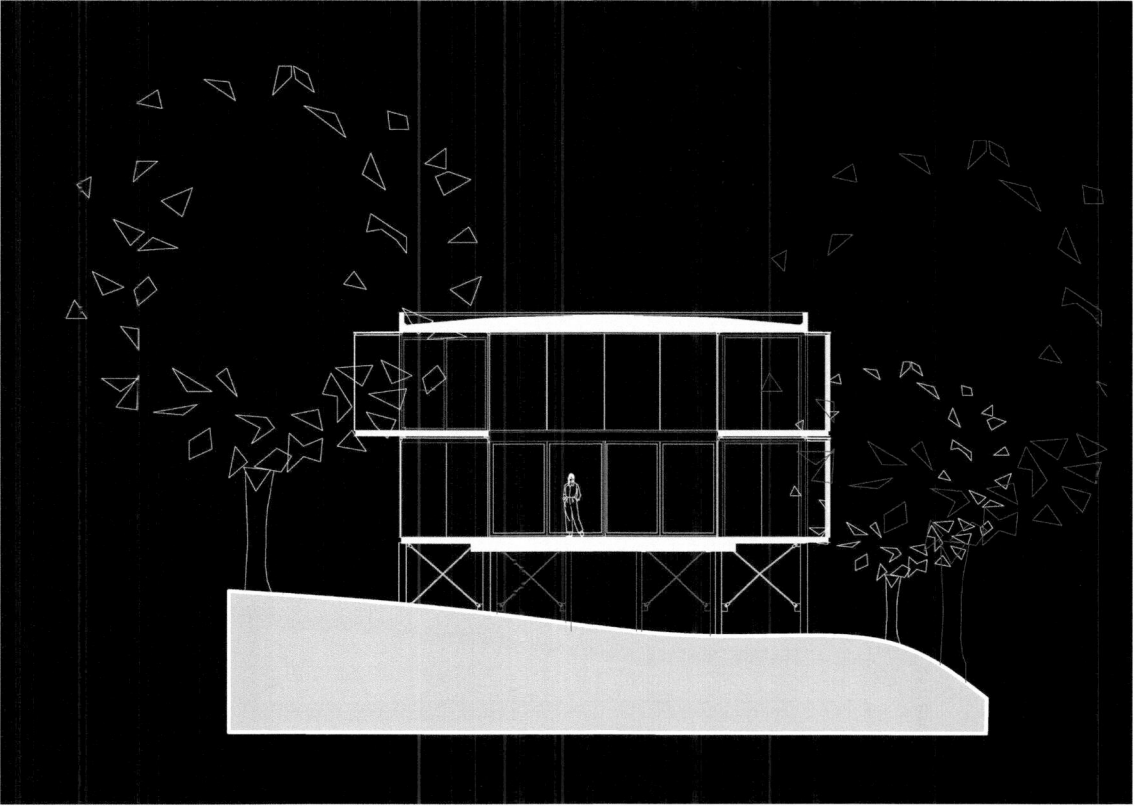

Side to side section

Front to back section

Second floor plan

First floor plan

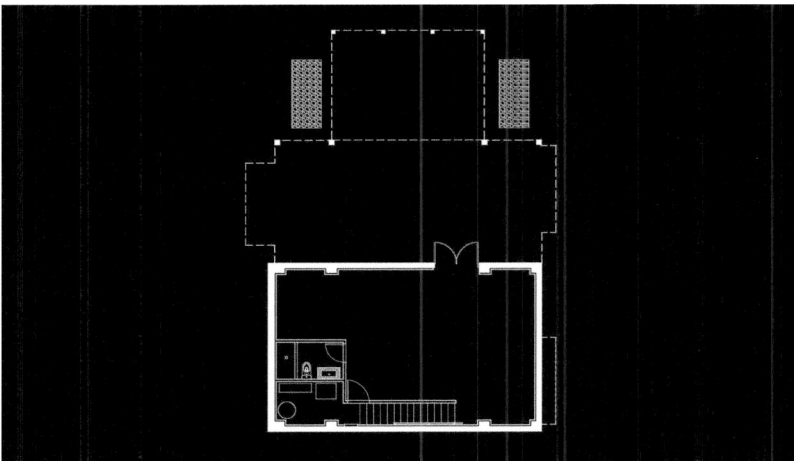

Basement plan

AARON POMERANTZ BACK YD

Washington DC, United States | Architect: Travis Price Architects | Photos: © Ken Wyner

Aaron Pomerantz is a major DC real estate broker by trade. More so he is a lover of art, architecture, and artists. (Architects too!) Aaron and his wife Irina also needed more space in their Washington DC townhouse packed with art. The simple one container gallery fit perfectly in their back yard, literally within inches of the highly restricted "back yard" footprint allowances for an accessory addition in DC. The design intention was a floating art gallery in the garden for his collections and his gala sales parties for his artists. The clean white paint canvas. and the glass bump outs made a great walk thorough inside and around the gallery. The container was singing as an art gallery with art itself both indoors and outdoors. However, it was literally hell on wheels the day of delivery. The snow was over a foot deep and the crane had to become a gargantuan caterpillar wiggling down the chaotic back alleys with an HGTV film crew to boot. The project was a major DC breakthrough with huge support from the city's leadership. Phase II was planned to add yet another floor on top. It has been permitted and will be completed in early 2023! Cranes away, the city is now on fire with back yard container elegance!

Aaron Pomerantz es un importante agente inmobiliario, además de amante del arte, de la arquitectura y de los artistas (¡Los arquitectos también!). Aaron y su esposa Irina necesitaban más espacio en su casa adosada de Washington DC repleta de arte. La sencilla galería, en forma de anexo, encajaba perfectamente en su patio trasero. El concepto consiste en una galería de arte flotante en el jardín para sus colecciones y sus fiestas de gala para sus artistas. El lienzo de pintura blanca y los salientes de vidrio consiguieron un gran paseo a través del interior y exterior de la galería. Sin embargo, el día de la entrega fue literalmente un infierno sobre ruedas. Con nieve por encima de los 30 cm de altura, la grúa tuvo que convertirse en una oruga gigantesca que se movía por los caóticos callejones acompañada de un equipo de filmación de HGTV. El proyecto supuso un gran avance en Washington DC, con un gran apoyo de los dirigentes de la ciudad. Se planeó la segunda fase para añadir una planta más en la parte superior que ya ha sido autorizada y que se completará a principios de 2023. Con las grúas ya fuera, la ciudad está ahora encantada con la elegancia de estos contenedores construidos en patios traseros.

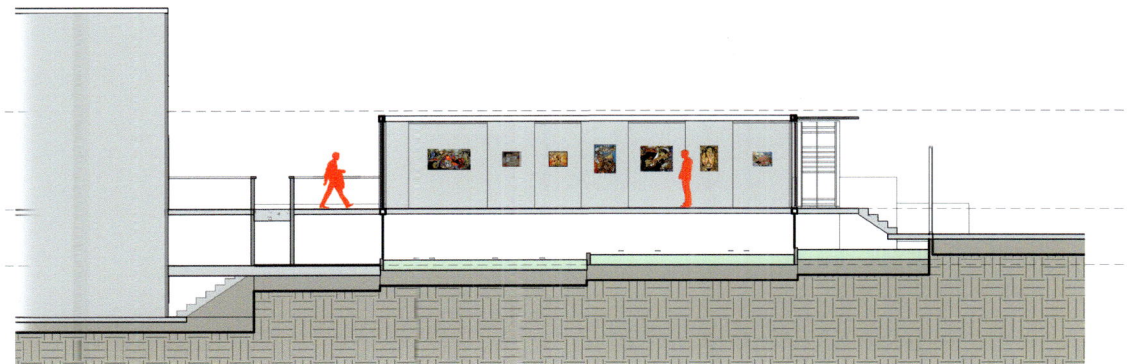

Section

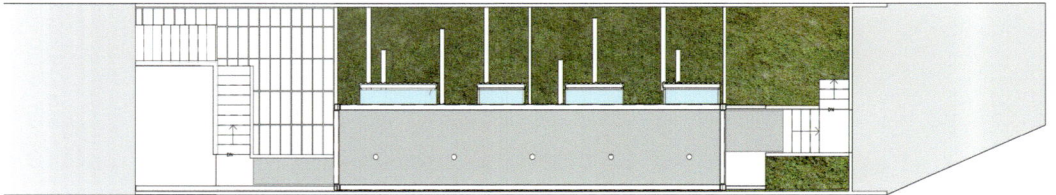

Site plan

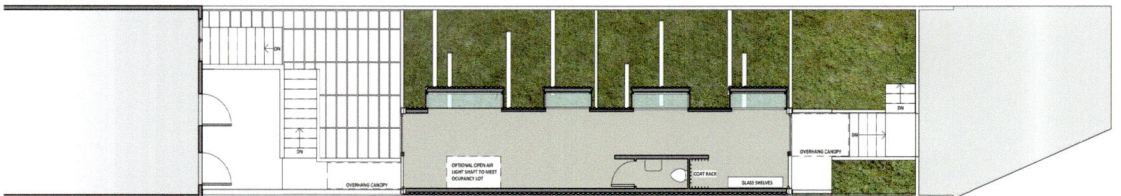

First floor plan

THE BEACH BOX

Napeague, New York, United States | Architect: Safe & Green Holdings Corp |
Photos: © Lena Yaremenko & Marshall Watson

The Beach Box is a modern, eco-lux container home located in the Sand Dunes of Napeague just moments (900 feet) to ocean beach. The home offers 4 bedrooms and 2.5 bathrooms, 1,300 square feet of exterior decking, plus a new water view roof deck, outdoor shower, and heated pool. All of the aforementioned is wrapped in sleek, eco-conscious design and finishes, including a custom chefs kitchen, stainless touches, EcoTop counters, white washed white oak floors, Cyprus siding and cedar decking all certified sustainable. The tank-less/instantaneous water heating system and central HVAC units were installed for maximum energy efficiency. All appliances are energy star for the highest, most efficient energy performance. The Beach Box is the Hampton's very first eco-container home. The house features amazing views of Napeague Harbor as well as beautiful vistas across acres of dune preserve to the Ocean.

The Beach Box es una moderna casa ecológica de contenedores de lujo situada en las Dunas de Arena de Napeague, a sólo unos minutos de la playa del océano. La casa ofrece 4 dormitorios, 2,5 baños y 120 m2 de cubierta exterior, además de una nueva cubierta con vistas al agua, ducha exterior y piscina climatizada. Todo lo anterior está envuelto en un diseño elegante, eco-consciente, incluyendo una cocina industrial a medida, toques de acero inoxidable, contadores EcoTop, suelos de roble blanco lavado, revestimiento de madera de Chipre y cubierta de cedro certificado y sostenible. El sistema de calentamiento de agua sin tanque/instantáneo y las unidades centrales de HVAC se instalaron para una máxima eficiencia energética. Todos los electrodomésticos son de la marca Energy Star para un rendimiento energético más alto y eficiente. The Beach Box es la primera casa ecológica de Hampton. La casa cuenta con increíbles vistas del puerto de Napeague, así como hermosas vistas a través de hectáreas de reserva de dunas hasta el océano.

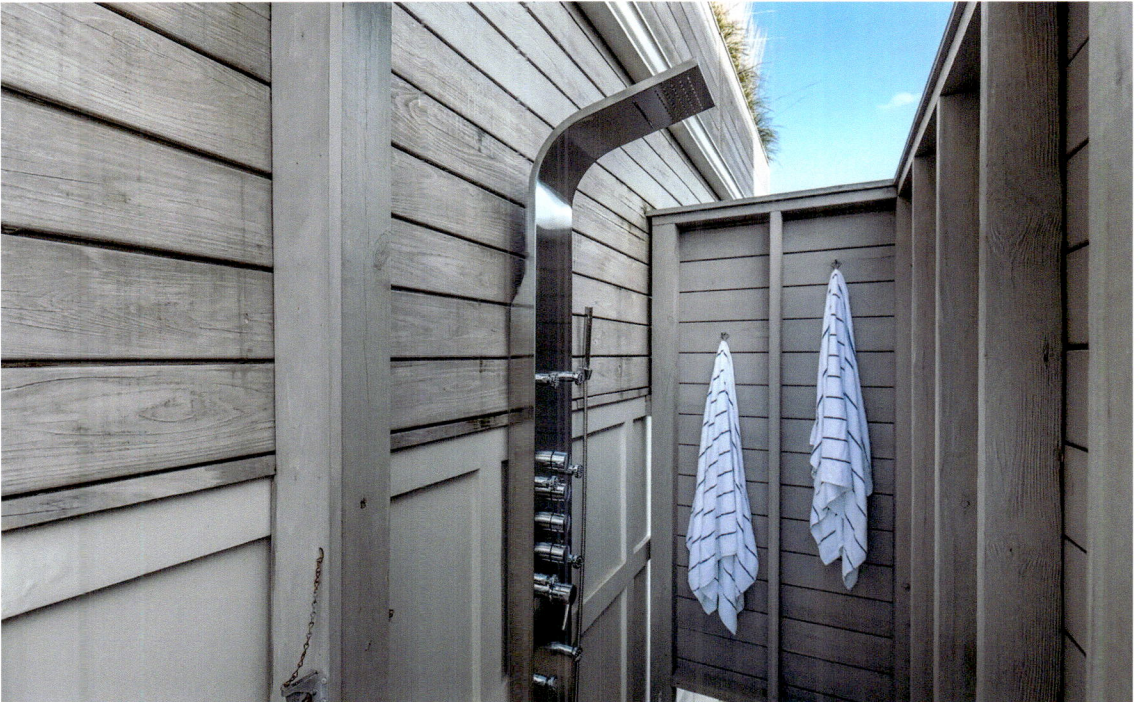

ACCESSORY DWELLING UNIT (ADU)

Durham, North Carolina, United States | Photos: © Spacial Homes

An accessory dwelling unit (ADU) is a smaller, independent dwelling unit located on the same lot as the main residence. ADUs have recently garnered more attention as a potential solution to the affordable housing crisis that leverages existing city infrastructure and prevents urban sprawl. Exploring this idea, CAZA developed two prototype ADUs—a studio unit and a one-bedroom unit—that are both comfortable and cost-effective. Custom-designed elements like murphy beds, wall units, and flexible furniture systems provide ample storage while maximizing usable space. Clerestory windows and sliding glass panels fill the units with natural light. The design minimizes the units' environmental impact, making the ADU type—which typically carries a large carbon footprint—a sustainable housing solution. The prototype is the first ADU to receive an Energy Star rating. Roof-top solar panels generate energy to power the unit, strategically located windows maximize cross-ventilation, and the exterior walls support plantings. Sliding glass panels allow residents to open the house directly to a deck or garden, creating indoor-outdoor living environments.

Una unidad de vivienda accesoria (ADU) es una unidad de vivienda más pequeña e independiente situada en la misma parcela que la residencia principal. Recientemente, las ADU han recibido más atención como una posible solución a la crisis de la vivienda asequible que aprovecha la infraestructura existente en la ciudad y evita la expansión urbana. Para explorar esta idea, CAZA ha desarrollado dos prototipos de ADU —un estudio y una unidad de un dormitorio— que son cómodos y rentables. Los elementos diseñados a medida, como las camas Murphy, las unidades de pared y los sistemas de mobiliario flexible, proporcionan un amplio almacenamiento al tiempo que maximizan el espacio útil. Los ventanales y los paneles deslizantes de cristal llenan las unidades de luz natural. El diseño minimiza el impacto medioambiental, lo que hace que el tipo de ADU —que normalmente conlleva una gran huella de carbono— sea una solución de vivienda sostenible. El prototipo es la primera ADU que recibe la calificación Energy Star. Los paneles solares de la azotea generan energía para alimentar el espacio, las ventanas estratégicamente situadas maximizan la ventilación cruzada y las paredes exteriores están preparadas para ser plantadas. Los paneles deslizantes de cristal permiten a los residentes abrir la casa directamente a una terraza o a un jardín, creando entornos de vida interiores y exteriores.

One bed section

Studio section

AIR CASTLE

Ladonia, Texas, United States | Architect: Highpoint Treehouses | Photos: © Joe Shipman - Luminous Productions.
Renderings: Element One Studio

Designed for 100 mph winds, the Air Castle, is one of the most unique treehouses using shipping containers. Together with the help from his engineer father, extended family, engineer friends, and network of 30 local expert skilled tradesmen, they developed a layout that capitalized not only the strengths of the containers but framed nature in every room. A purposebuilt short term rental, the design was not driven by a budget, but by creating a unique guest experience to build memories. The goal was to provide a destination that immerses you in nature and as Mr. Taylors' mother says, "allows your soul to catch up". The 6-story and total of 85 step design includes the use of 4 high cube containers with 2 oriented vertically and 2 others appearing to be cantilevered horizontally 20' off the ground but supported by a bois d arc tree. The vertical containers include the 2-story interior winder stairwell in one and the other has bedrooms / bathroom. The horizontal containers include the living room, kitchen, bathroom, and screened in porch with hot tub. The interior finishes are salvaged from local houses, barns, and on-site black walnut trees.

Diseñado para soportar vientos de 160 km/h, el Air Castle es una de las casas en el árbol más singulares construidas con contenedores de transporte.
Con la ayuda de su padre ingeniero, su familia, amigos ingenieros y una red de 30 expertos locales, desarrollaron un diseño que no sólo aprovechaba las ventajas de los contenedores, sino que enmarcaba la naturaleza en cada habitación. Al tratarse de un alquiler a corto plazo, el diseño no se basó en el presupuesto, sino en la creación de una experiencia única para los huéspedes. El objetivo era ofrecer un destino que te sumerja en la naturaleza y, como dice la madre del Sr. Taylors, «permita que tu alma se ponga al día». El diseño, de 6 plantas y 85 escalones en total, incluye el uso de 4 contenedores de cubo alto, 2 de ellos orientados verticalmente y otros 2 en voladizo horizontal a 6 metros del suelo, pero sostenidos por un árbol de bois d arc. Los contenedores verticales incluyen la escalera de caracol interior de 2 pisos en uno y el otro tiene dormitorios / cuarto de baño. Los contenedores horizontales incluyen el salón, la cocina, el cuarto de baño y un porche cubierto con jacuzzi. Los acabados interiores proceden de casas, graneros y nogales locales.

Roof plan

3D elevation

3D section

DRAGONFLY TREEHOTEL

Harads, Sweden | Architect: Rintala Eggertsson Architects | Photos: © Ryan Koopmans, Peter Lundström

Our proposal for the new Treehotel room was a long horizontal animal-like structure that spans supported between a group of 4-6 pines. The project is placed on a top of the hillside, on the edge of a thicker forest. The main windows open towards the south and to the wider landscape while the back wall towards north is more sheltering.

In the middle of the interior are common functions: kitchen, dining area and fire place from where one can enter the bedrooms and toilets, spaces which are cantilevered to the main volume.

Facade is made of narrow grey weathered boards. Åspen is a great material here, thanks to its good resistance in northern climate. It is also soft to touch which is important as the same material is exposed to the interior as well. Fixed furniture like beds, kitchen bench and table plus benches is made of oiled thermo treated wood, as are ceiling and floors too.

The idea was to create a small space that is connected to the tree crowns and the landscape outside and that reacts to the different sunlight situations during the day. The horizontal line of the building is supposed to create a harmonious whole with the vertical pine forest.

Nuestra propuesta para la nueva habitación del Treehotel fue una larga estructura horizontal en forma de animal que se extiende apoyada entre un grupo de 4-6 pinos. El proyecto se sitúa en lo alto de la ladera, en el límite de un bosque más espeso.

Las ventanas principales se abren hacia el sur y al paisaje más amplio, mientras que la pared trasera hacia el norte es más abrigada.

En el centro del interior se encuentran las funciones comunes: la cocina, el comedor y la chimenea, desde donde se accede a los dormitorios y los aseos, espacios que están en voladizo hacia el volumen principal.

La fachada está hecha de estrechas tablas grises desgastadas. El Åspen es un gran material en este caso, gracias a su buena resistencia en el clima del norte. También es suave al tacto, lo que es importante, ya que el mismo material está expuesto en el interior también. Los muebles fijos, como las camas, el banco y la mesa de la cocina, además de los bancos, son de madera tratada térmicamente con aceite, al igual que el techo y el suelo.

La idea era crear un pequeño espacio que estuviera conectado con las copas de los árboles y el paisaje exterior y que reaccionara a las diferentes situaciones de luz solar durante el día. La línea horizontal del edificio debe crear un conjunto armonioso con el pinar vertical.

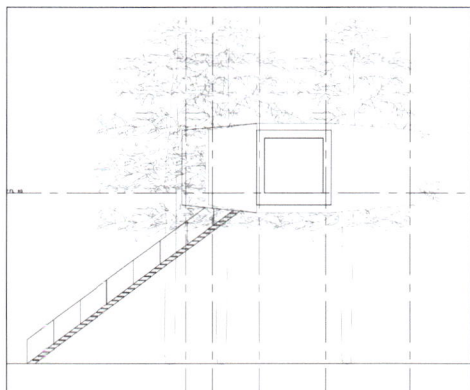

Elevation

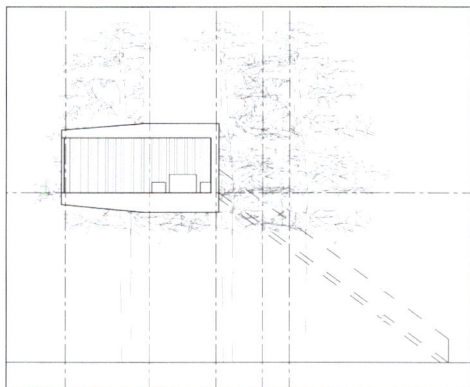

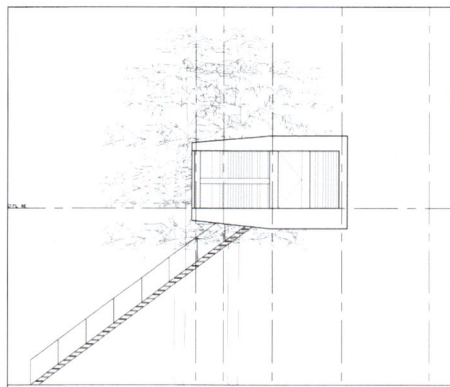

Sections

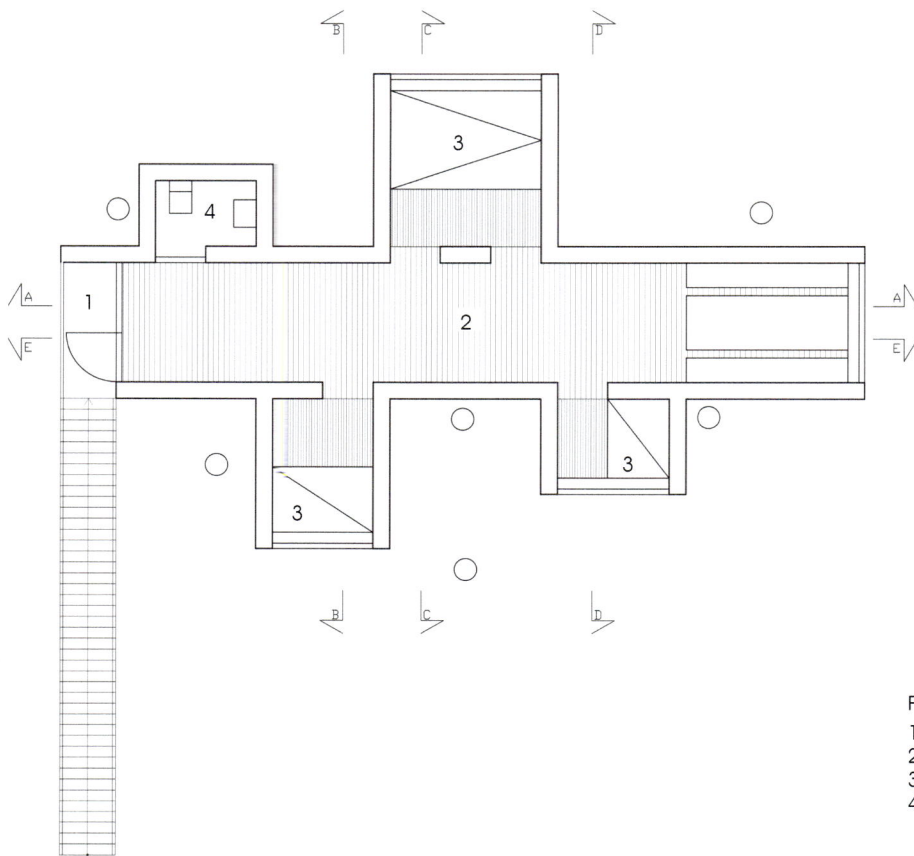

Floor plan
1. Entry / terrace
2. Living room
3. Bedroom 2 persons
4. Toilet

THE WYSS FAMILY CONTAINER HOUSE

Mercer Island, Washington, United States | Architect: Paul Michael Davis Architects | Photos: © Mark Woods Photography

As the homeowner, Balthasar Wyss, puts it, "from its earliest days, Seattle was a trade hub." After moving from Switzerland to Seattle, he found the city to be a thriving global center. He was particularly drawn to its port, which is always filled with internationally familiar shipping containers. Rather than respond to the natural environment, as is perhaps the more common way to connect architecture in this region, he wanted to celebrate the place as an important part of a global network.

So he decided to hire PMDA with the express request to incorporate shipping containers into their design of an addition to a home for his family of 5. Wyss notes that "each shipping container is unique, its existence carved into its body and visible through scratches and dents as the rust builds patina on the steel boxes." Thus, in this design, the containers are less modular objects to be used as structure, and more found objects celebrated for their uniqueness.

A simple architectural volume was added to the existing tract house to "contain" the container. A second container is displayed in the backyard and serves as a multipurpose space for the active family.

Como dice el propietario de la casa, Balthasar Wyss,«desde sus primeros días, Seattle fue un centro comercial». Tras mudarse de Suiza a Seattle, descubrió que la ciudad era un próspero centro mundial. Se sintió especialmente atraído por su puerto, siempre lleno de contenedores de transporte internacional. En lugar de responder al entorno natural, como es quizá la forma más habitual de relacionar la arquitectura en esta región, quiso celebrar el proyecto como parte importante de una red mundial.

Así que decidió contratar a PMDA con la petición expresa de incorporar contenedores marítimos a su diseño de una ampliación de una casa para su familia de 5 miembros. Wyss señala que «cada contenedor de transporte es único, su existencia tallada en su cuerpo y visible a través de arañazos y abolladuras a medida que el óxido va creando pátina en las cajas de acero». Así, en este diseño, los contenedores son menos objetos modulares que se utilizan como estructura, y más objetos encontrados que se celebran por su singularidad.

Se añadió un sencillo volumen arquitectónico a la casa existente para «contener» el contenedor. Un segundo contenedor se exhibe en el patio trasero y sirve como espacio polivalente para la activa familia.

66

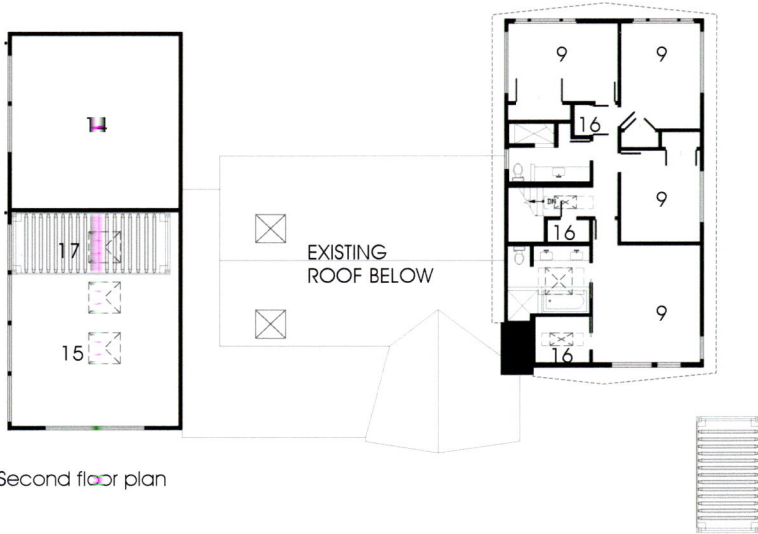

Second floor plan

EXISTING
ROOF BELOW

17

15

9 9

16

9

16

9

16

Ground floor plan

9

10

8

4

5 7

11

2

6

12

13

1. Garage
2. Mud room
3. Family room
4. Kitchen
5. Dining area
6. Outdoor deck
7. Living area
8. Entry
9. Bedroom
10. Laundry room
11. Rec room
12. Terrace
13. Shed (built with shipping containers)
14. Garage below
15. Family room below
16. Closet
17. Shipping container below

CASA FRUTILLAR

Frutillar, Región de Los Lagos, Chile | Architect: Duarte Fournies Arquitectos | Photos: © Pablo Casals Aguirre

The site is located in a forest in the Llanquihue Lake basin, a region in the south of Chile determined by its natural landscapes, abundant vegetation and cold and rainy climate.

The image of the house takes as a reference the typology of sheds present in the landscape of the region, which are visual icons and marks of local identity and whose geometric simplicity creates a contrast with nature. The project rescues the richness of its constructive and structural systems, which form part of the image of the work. Wood is approached as the theme of the project, as cladding and structure.

The position of the house to the south of a clearing in the forest ensures sunlight for most of the day and avoids intervening in the existing vegetation.

Considering the abundant rainfall and low temperatures in the area, a roof structure is proposed that is effective against rainfall and allows compressing the built surface and achieving greater thermal efficiency. This structure configures the image and spatiality of the house. In the communal areas the full height of the structure is inhabited, while for the private area a free height of 2.4 m is considered, a measure that responds to the dissemination formats of wooden elements in Chile.

El terreno está inserto en un bosque nativo, en la cuenca del Lago Llanquihue, al sur de Chile, región que se caracteriza por sus paisajes naturales, abundante vegetación y clima frío-lluvioso.

Para la definición de la imagen de la casa, se tomó como referencia la tipología de galpones presentes en el paisaje de la región que se constituyen como iconos visuales y marcas de identidad local. Estas estructuras de madera destacan por su simpleza geométrica que contrasta con la naturaleza. Se rescata la riqueza de sus sistemas constructivos y estructurales que forman parte de la imagen de la obra. La madera se aborda como tema de proyecto, como revestimiento y estructura.

La casa se emplaza al sur de un claro del bosque, de manera de asegurar el asoleamiento la mayor cantidad de horas e intervenir lo menos posible la vegetación existente.

Considerando las abundantes precipitaciones y las bajas temperaturas que se dan en la zona, se propone una estructura de techo que resuelve las aguas lluvias y permite distribuir de manera más eficiente los programas requeridos, comprimiendo la superficie construida, logrando una mayor eficiencia térmica. Esta estructura configura la imagen y la espacialidad de la casa. En las zonas comunes se habita la altura total de la estructura, mientras que, para el área privada, se considera una altura de 2,4 m, medida que responde a los formatos de comercialización de los elementos de madera en Chile.

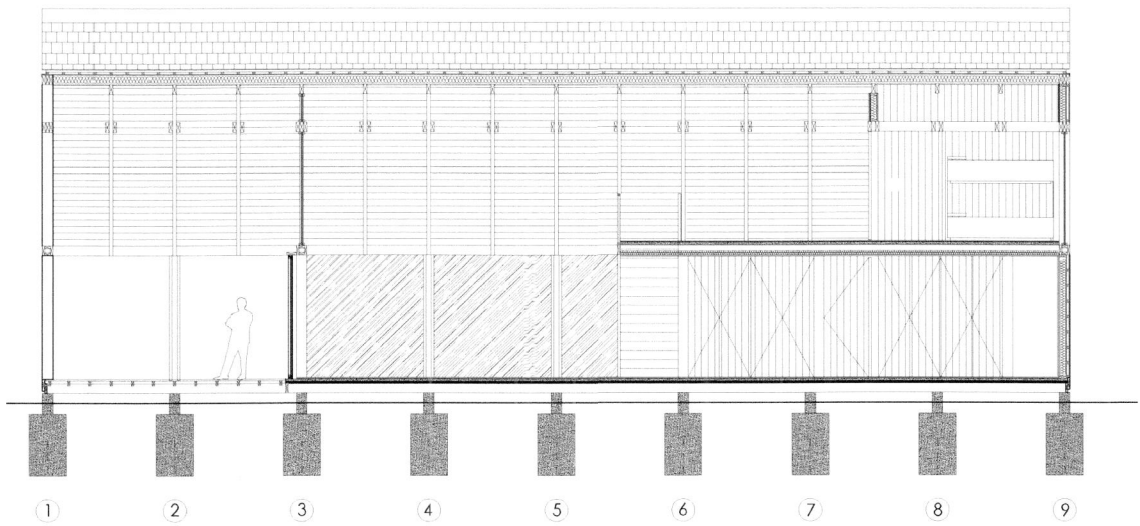

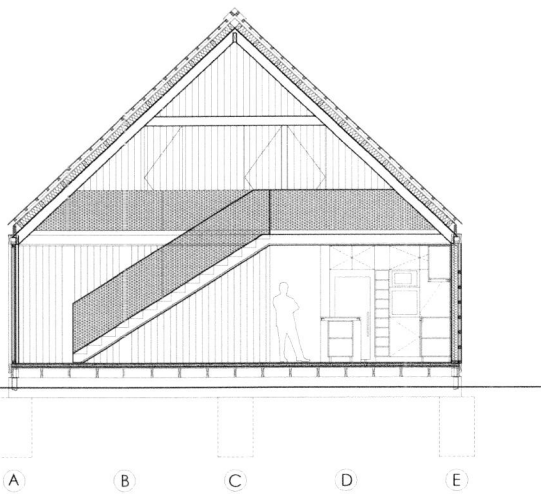

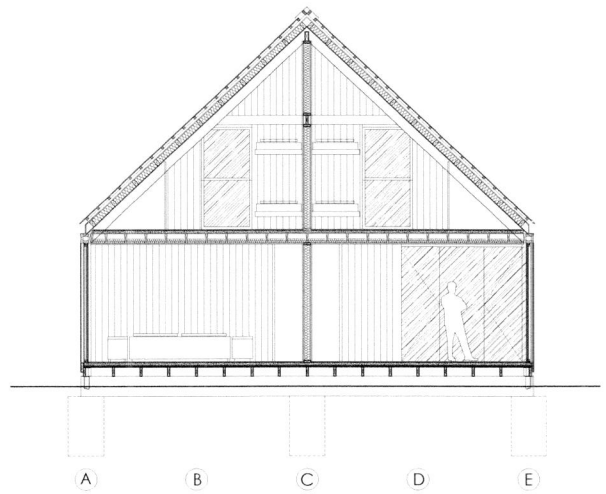

Sections

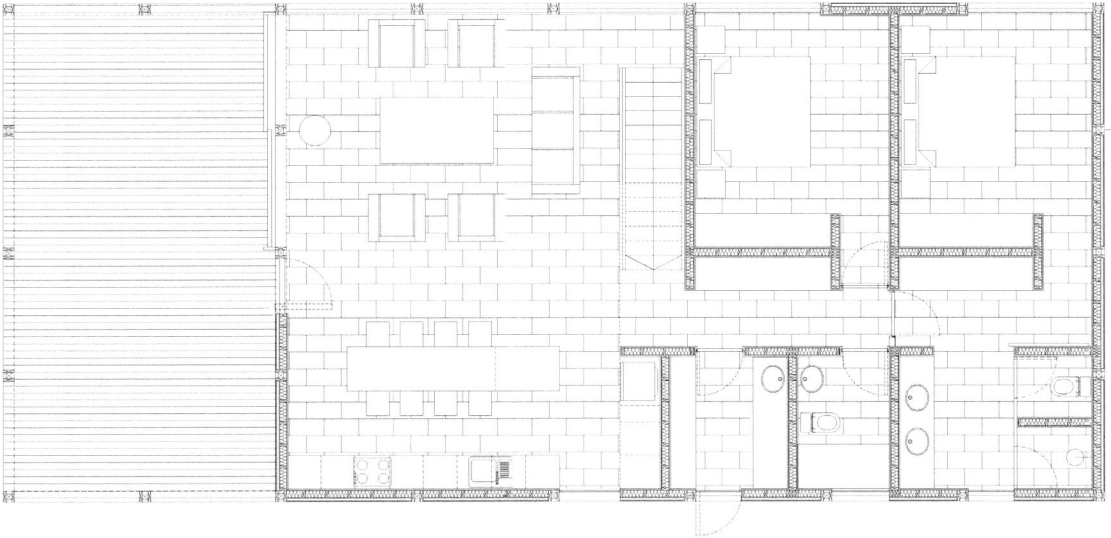

First floor plan

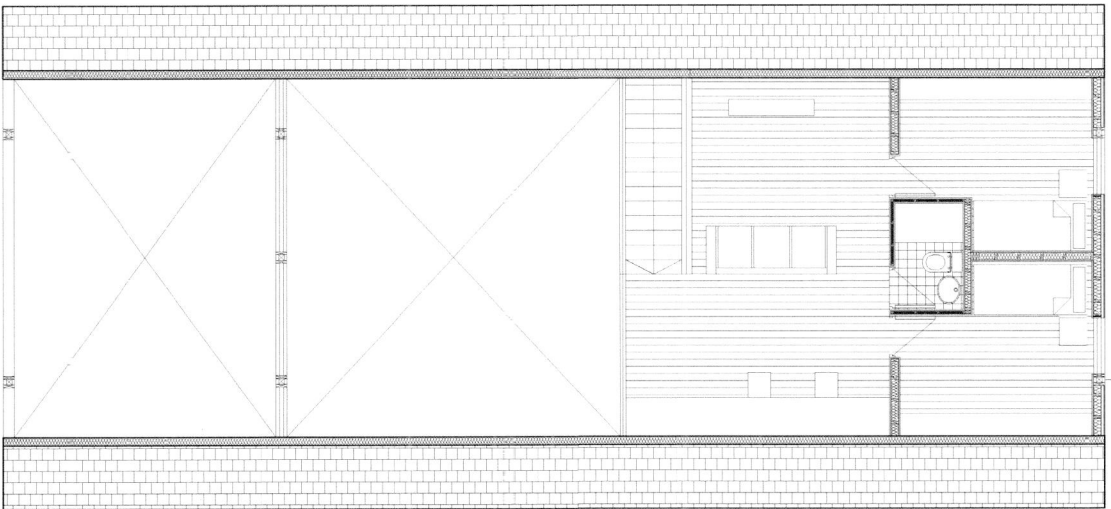

Second floor plan

CASA VODANOVIC

Puerto Varas, Región de Los Lagos, Chile | Architect: Duarte Fournies Arquitectos | Photos: © Pablo Casals Aguirre

The project is located in the south of Chile, on a plot of land located on the road between Puerto Varas and Ensenada, at the foot of the Calbuco Volcano, with views of Lake Llanquihue and the Osorno Volcano.
The brief was to design and build an affordable home of approximately 90 m2, with two bedrooms, living room, kitchen and dining room. Initially, the client quoted options of prefabricated houses in the area. In this context, the challenge was to design a house within similar budgets.

In order to optimise the 90 m2 planned, a single space is proposed where the common programmes are developed, separated from the private areas by a core where all the wet areas are located.

El sitio del proyecto se ubica en el sur de Chile, en un loteo ubicado en la carretera que une Puerto Varas y Ensenada, a las faldas del Volcán Calbuco, con vistas al Lago Llanquihue y al Volcán Osorno.
El encargo consistió en diseñar y construir una vivienda económica de aproximadamente 90 m2, con dos dormitorios, estar, cocina y comedor. En un principio, el cliente cotizó opciones de casas prefabricadas en la zona. En este contexto, el desafío fue proyectar una casa ajustándonos a estos presupuestos.

Como una manera de optimizar los 90 m2 proyectados, se propone un sólo espacio donde se desarrollen los programas comunes, separado de los recintos privados por un núcleo donde se ubican todos los recintos húmedos.

The tectonic definition of the house takes elements from the typical constructions of the area, such as the use of wood and larch shingles.

The house has translucent facades to the north and south, framing the views of the volcanoes and Lake Llanquihue, while the east and west facades, which face the neighbouring properties, are opaque.
The geometry of the roof is perceived from the communal space, giving this place a greater height than the rest of the house and enhancing the idea of a meeting place. To finish off the vertical structure, a skylight was designed to allow natural light to enter from above.

La definición tectónica de la casa, se tomaron elementos de las construcciones típicas de la zona, como el uso de la madera y el revestimiento de tejuelas de alerce.

La casa contempla fachadas translucidas hacia el norte y sur, enmarcando las vistas hacia los volcanes y al Lago Llanquihue, mientras que las fachadas oriente y poniente, que enfrentan a los predios vecinos, se proponen opacas.
Desde el espacio común se percibe la geometría de la cubierta, dotando a este lugar de una altura mayor respecto al resto de la casa, potenciando la idea de lugar de encuentro. Como remate de la estructura de cielo, se proyectó una lucarna que permite el ingreso de luz natural cenital.

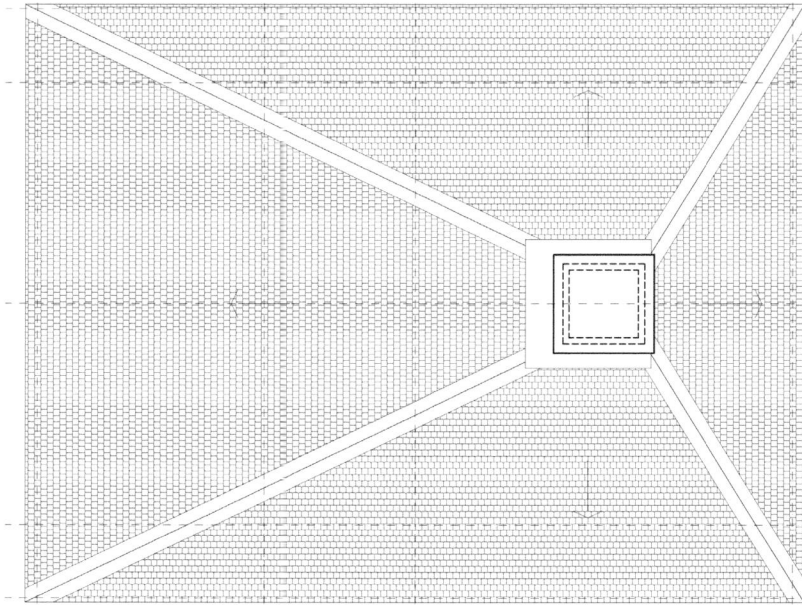

Roof plan

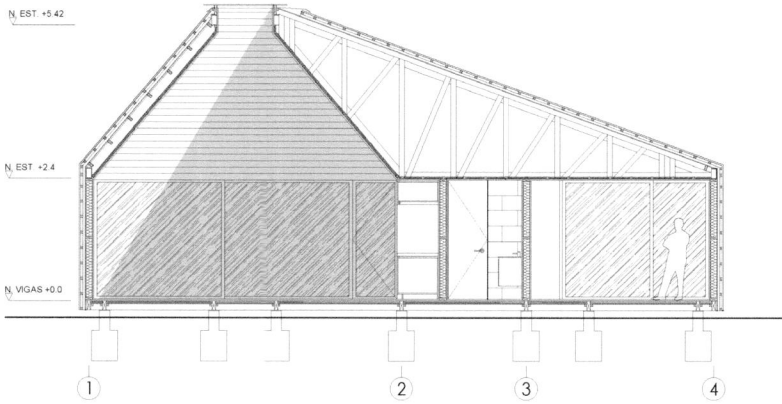

Section A-A

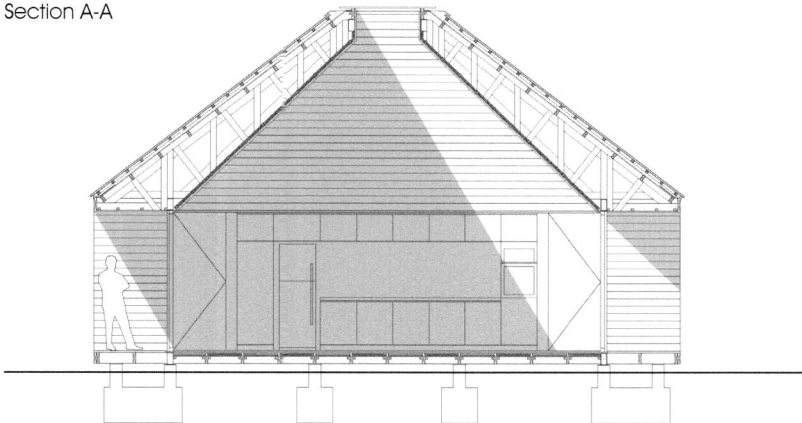

Section B-B

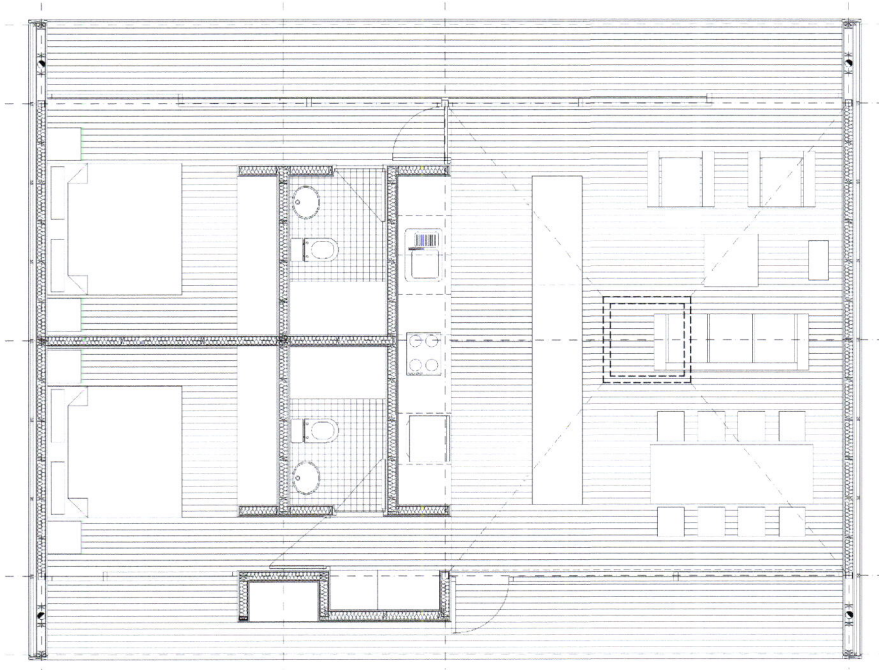

Roof plan

EE RESIDENCE

Leeuwarden, Netherlands | Architect: Achterbosch Architecten | Photos: © Ronald Zijlstra

Hidden in the outskirts of the city of Leeuwarden at the former river Ee, this energy-neutral house overlooks the open Frisian landscape. The transition from open landscape to urban areas gave directions to the design.

The closed north side provides privacy in contrast to the private south side where the house opens and connects to the garden. The large south facing porch ensures a delicate balance between natural cooling in summer and warmth of the low sun in winter. Thanks to lots of glass in the façade, solar warmth is also felt inside the house.

A multi-shaped roof built of straw and wood, covers the substructure and provides space for the program and an outdoor terrace. The roof follows function, light, air and important lines of sight, and enwraps the house like a blanket. Solar panels sunk in the roof provide energy to the house.

Escondida en las afueras de la ciudad de Leeuwarden, junto al antiguo río Ee, esta casa de energía neutra tiene vistas al paisaje abierto de Frisia. La transición entre el paisaje abierto y las zonas urbanas orientó el diseño.

El lado norte, cerrado, proporciona privacidad en contraste con el lado sur, privado, donde la casa se abre y conecta con el jardín. El gran porche orientado al sur garantiza un delicado equilibrio entre la refrigeración natural en verano y el calor del sol bajo en invierno. Gracias a la gran cantidad de vidrio en la fachada, el calor del sol también se siente en el interior de la casa.

Un techo multiforme, construido con paja y madera, cubre la subestructura y proporciona espacio para el programa y una terraza exterior. El techo sigue la función, la luz, el aire y las líneas de visión importantes, y envuelve la casa como una manta. Los paneles solares hundidos en el tejado proporcionan energía a la vivienda.

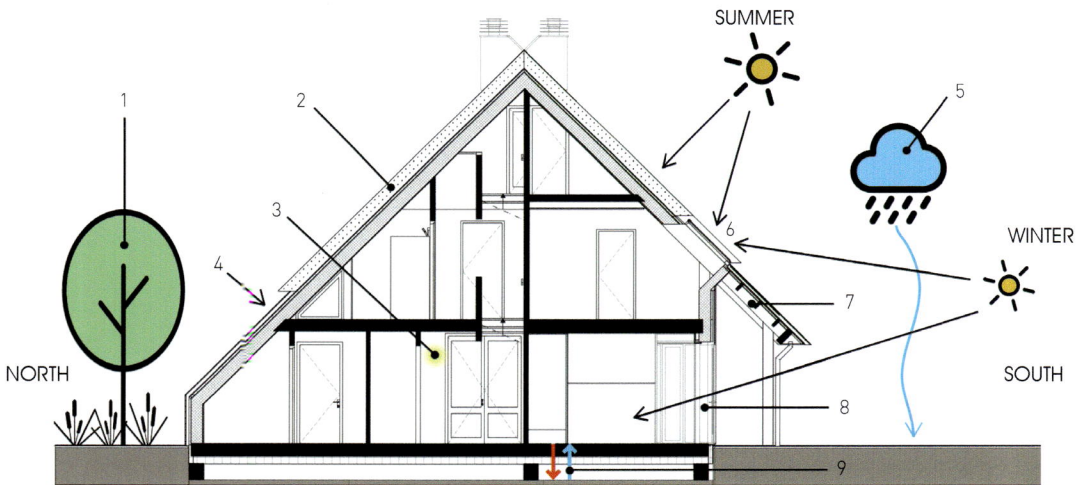

Sustainability features section

1. Local sourced materials
2. Reed insulation
3. Energy efficient lighting
4. Natural daylight: continous clerestory windows on north facade
5. Increased onsite permeability: hardscapes and parking permeable pavers
6. Solar panels
7. Protective overhangs
8. Natural daylight and views: floor to ceiling windows along south facade
9. Onsite geothermal renewable energy

Using location-specific and mostly ecological materials, Frisian straw for the roof, Dutch oak for the stairs and flooring, has been inspired by the agricultural environment. Shape, materials, location, it all reminds us of the typically Frisian farm barns. The design details of the house are a tribute to the forgotten craftsmanship in wood constructions.

El uso de materiales específicos del lugar y en su mayoría ecológicos, paja de Frisia para el tejado, roble holandés para las escaleras y el suelo, se ha inspirado en el entorno agrícola. Forma, materiales, ubicación, todo recuerda a los graneros típicamente frisones. Los detalles de diseño de la casa son un homenaje a la olvidada artesanía en las construcciones de madera.

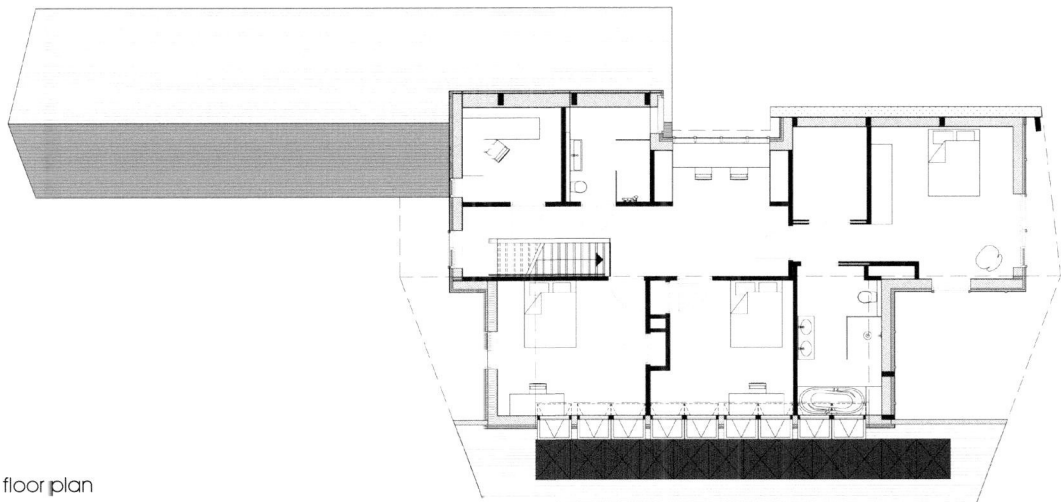

First floor plan

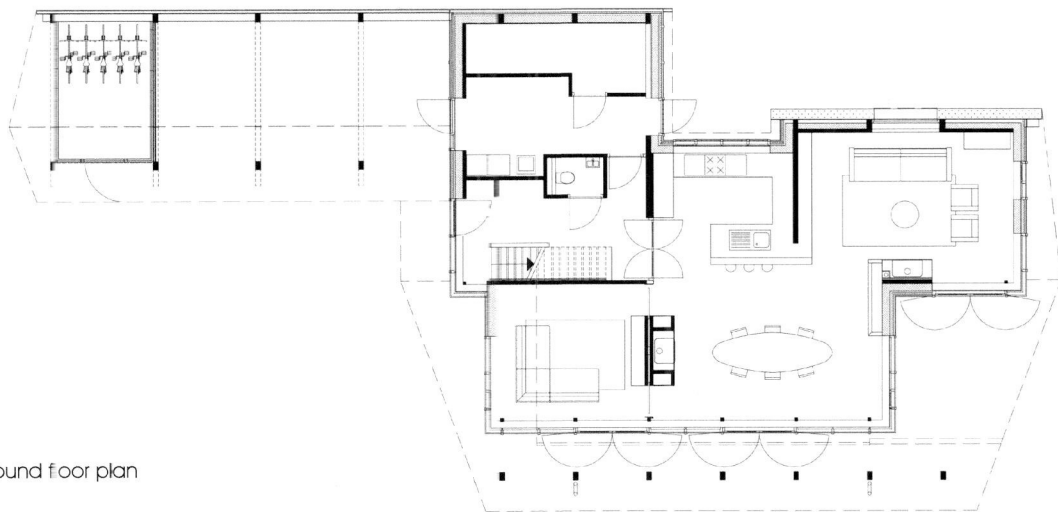

Ground floor plan

KVITFJELL CABIN

Kvitjell, Norway | Architect: Erling Berg | Photos: © Alejandro Villanueva

Nestled in the landscape, the narrow cabin stretches 26 m to frame the views of the surrounding mountaintops and the horizon beyond towards the south-west. Using traditional methods of construction, the entire cabin is built out of local pine wood.

The exterior, both roof and walls are wrapped in untreated wood panels that will naturally grey over time. The entire interior is wrapped in white oiled pine, keeping the spaces light in the darker winter hours. Every main room in the cabin has a south-west view, following the sun; bedrooms and bathrooms are kept discreet, with storage in the walls, leaving more space for the open kitchen, dining and family room.

Following the topography of the plot, the main living spaces and the en-suite are lowered in the landscape, with vaulted ceilings, creating a spacious atmosphere where the cold nature outside connects with the warm interior through the larger glass openings. Although large, insulated windows were instrumented to create the cabin's airy feel and framing views. Their size would initially fail to comply with local permitting rules, which restrict window sizes to reduce bird deaths from glass collisions. The architect solved the issue by installing vertical wooden slats in front of the windows. These slats continue along the walls to create a cohesive appearance.

Enclavada en el paisaje, esta estrecha cabaña se extiende 26 m para enmarcar las vistas de las cimas de las montañas circundantes y el horizonte hacia el suroeste. Utilizando métodos de construcción tradicionales, toda la cabaña está construida con madera de pino local.

El exterior, tanto el techo como las paredes, están envueltos en paneles de madera sin tratar que se volverán grises de forma natural con el paso del tiempo. Todo el interior está revestido de pino blanco aceitado, lo que mantiene los espacios luminosos en las horas más oscuras del invierno. Aunque todas las habitaciones principales de la cabaña tienen vistas al suroeste, siguiendo el sol, las habitaciones y los baños se mantienen discretos, con almacenamiento en las paredes, dejando más espacio para la cocina abierta, el comedor y la sala familiar.

Siguiendo la topografía de la parcela, los espacios principales de la vivienda y el cuarto de baño están rebajados en el paisaje, con techos abovedados, creando un ambiente espacioso en el que la fría naturaleza del exterior conecta con el cálido interior a través de las grandes aberturas de cristal. Aunque las ventanas grandes y aisladas eran fundamentales para crear la sensación de aireación de la cabaña y enmarcar las vistas, su tamaño no cumplía inicialmente las normas locales de autorización, que restringen el tamaño de las ventanas para reducir la muerte de aves por colisión de cristales. El arquitecto resolvió el problema instalando listones verticales de madera delante de las ventanas. Estos listones continúan a lo largo de las paredes para crear una apariencia coherente.

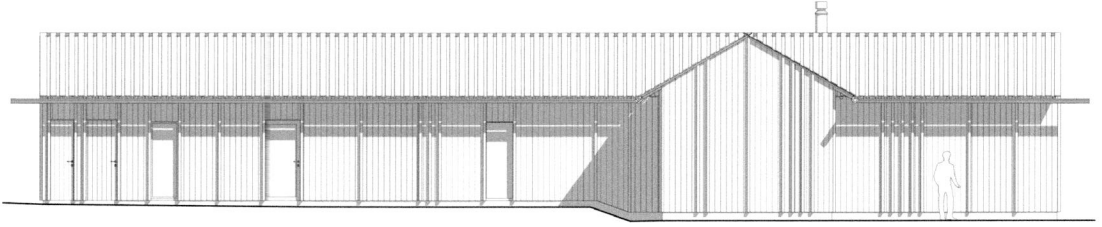

North elevation

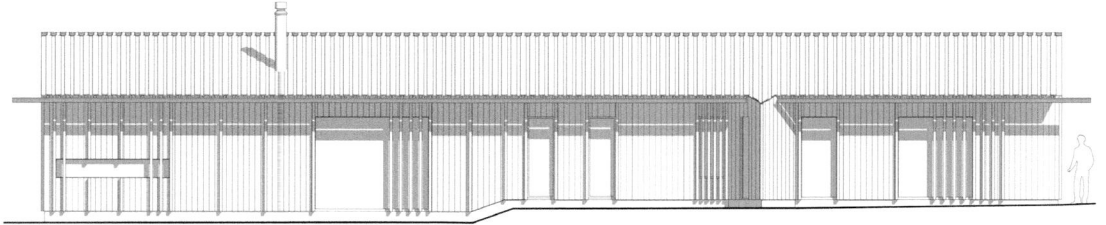

South elevation

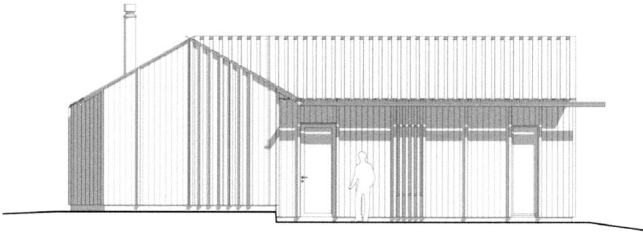

East elevation

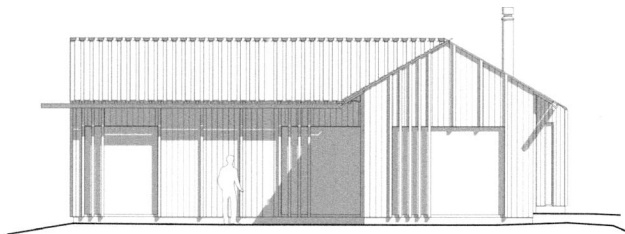

West elevation

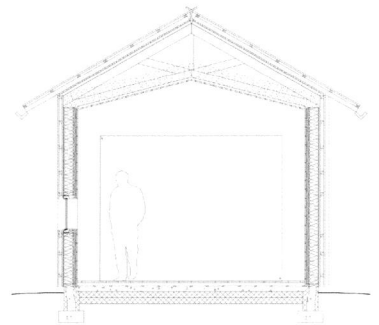

Section

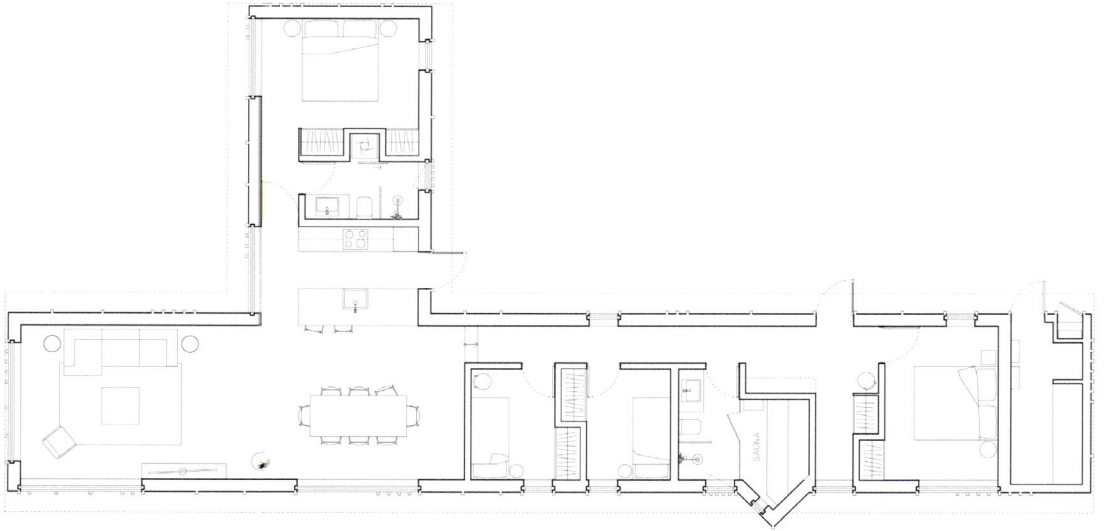

Floor plan

CASA ES

Puertecillo, Tuman, Chile | Architect: Altamarea Arquitectura | Photos: © Felipe Cantillana

Altamarea office was created in 2015 by architect Gonzalo Herreros and engineer Matías Quinlan. It has been characterized mainly by the integral development of housing projects and investments for the coastal zone of Chile. We developed an architecture according to the place, recognizing the climatic conditions and their variables throughout the year. We build projects with simple materials of local origin, with great constructive and architectural results.

Based on our experience of life on the beach we create for our customers life experiences focused on energy efficiency the use of light and durability over time, key concepts in the development of our project. Today Altamarea concentrctes in residential and commercial projects. We have worked in recent years also in the development of hotels and other kind of commercial projects, seeking through our proposal to give an architectural image to our environment.

La oficina Altamarea fue creada el año 2015 por el arquitecto Gonzalo Herreros y el ingeniero Matías Quinlan. Se ha caracterizado principalmente por el desarrollo integral de proyectos de vivienda e inversiones para la zona costera de Chile. Desarrollamos una arquitectura acorde al lugar reconociendo las condiciones climáticas y sus variables a lo largo del año. Construimos proyectos con materiales sencillos de origen local, con grandes resultados constructivos y arquitectónicos.

En base a nuestra experiencia de vida en la playa creamos para nuestros clientes experiencias de vida enfocados en la eficiencia energética el aprovechamiento de la luz y la perdurabilidad en el tiempo, conceptos claves en el desarrollo de nuestro proyecto. Hoy en día Altamarea se desarrolla en el ámbito habitacional y comercial hemos trabajado los últimos años en el desarrollo de proyectos de hotelería y comercio buscando mediante nuestra propuesta dar una imagen arquitectónica a nuestro entorno.

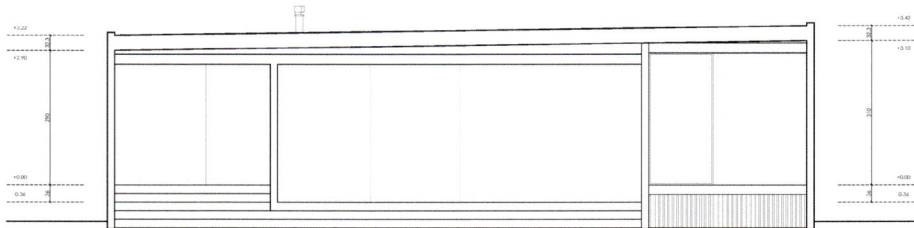

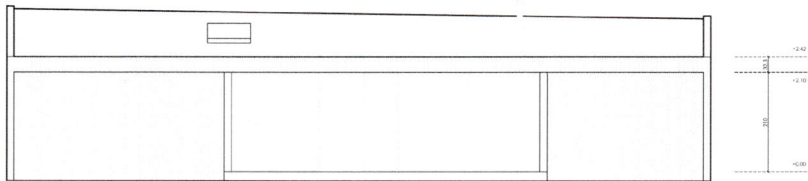

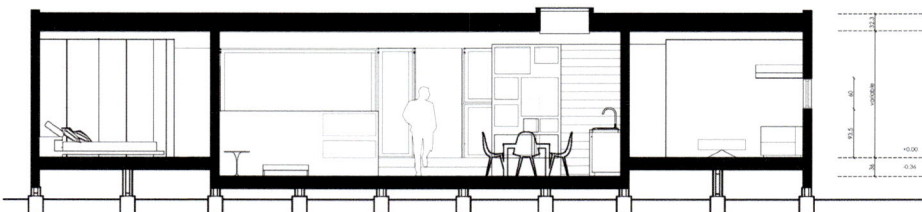

Sections

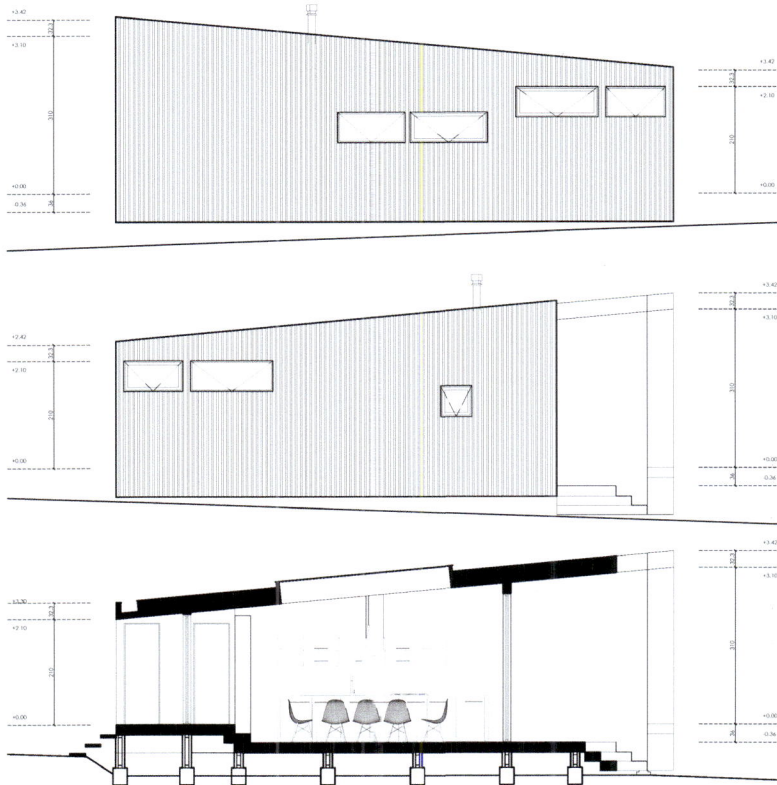

Sections

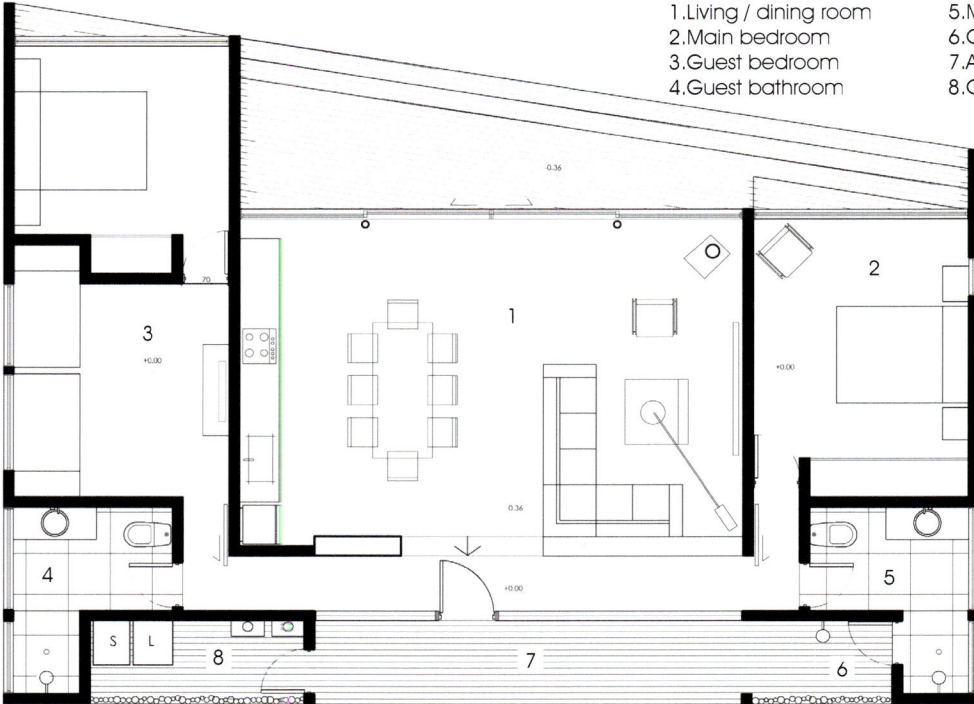

Floor plan

1. Living / dining room
2. Main bedroom
3. Guest bedroom
4. Guest bathroom
5. Main bathroom
6. Outdoor shower
7. Access porch
8. Cellar

THE COCOON HOUSE

Southampton, New York, United States | Architect: Nea Studio | Photos: © Caylon Hackwith

The name of this Gold-LEED certified house is due to the closed, rounded cocoon shape of its north and northwest half. The thermal mass of the thick walls of this façade, supported by a timber structure, prevents moisture, retains heat and provides shelter and privacy.

The other side of the house, facing south and east, consists of an uninterrupted glazed façade that welcomes the breeze and views over the garden and the ocean. Adaptation to the site conditions through elements such as cedar shingle cladding, the use of technologies such as photovoltaic panels and the reflective rainwater tank, or the use of passive strategies for climatic comfort, put architectural design at the service of the environment and well-being.

The changing incidence of natural light on the house defines the framework of the design and connects with the solar rhythms throughout the day. In the transparent half of the house, light filters through coloured skylights above the corridor based on Goethe's colour theory, used by J.M. William Turner in his paintings. The pallete ranges from vermilion red above the main bedroom, to bright yellow near the living room, flashing the zenith and activity.

El nombre de esta casa certificada GOLD LEED se debe a la forma de capullo cerrada y redondeada de su mitad norte y noroeste. La masa térmica de los gruesos muros de esta fachada, soportados por una estructura de madera, evitan la humedad, retienen el calor y proporcionan refugio y privacidad.

El otro lado de la casa, orientado hacia el sur y el este, está constituido por una fachada acristalada ininterrumpida que recibe la brisa y las vistas sobre el jardín y el océano. La adaptación a las condiciones del lugar mediante elementos como el revestimiento de tejas de cedro, el uso de tecnologías como paneles fotovoltaicos y el depósito reflectante de agua de lluvia, o el uso de estrategias pasivas para el confort climático, ponen el diseño arquitectónico al servicio del medio ambiente y el bienestar.

La cambiante incidencia de la luz natural sobre la casa define el marco del diseño y conecta con los ritmos solares a lo largo del día. En la mitad transparente de la casa, la luz se filtra a través de unos lucernarios de colores situados sobre el pasillo que se basan en la teoría del color de Goethe, utilizada por J.M. William Turner en sus cuadros. Los colores van desde el rojo bermellón sobre el dormitorio principal, que señala la puesta de sol y el descanso, hasta el amarillo intenso próximo a la sala de estar, que señala el cénit y la actividad.

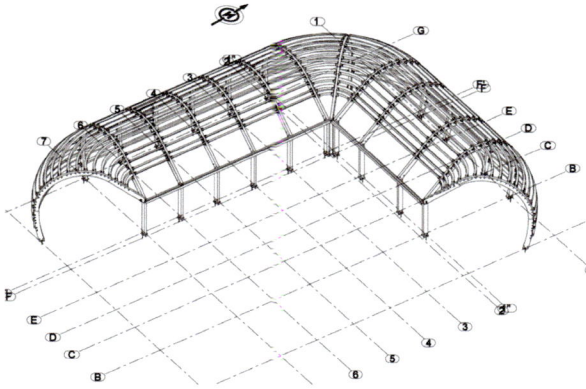

Axonometric

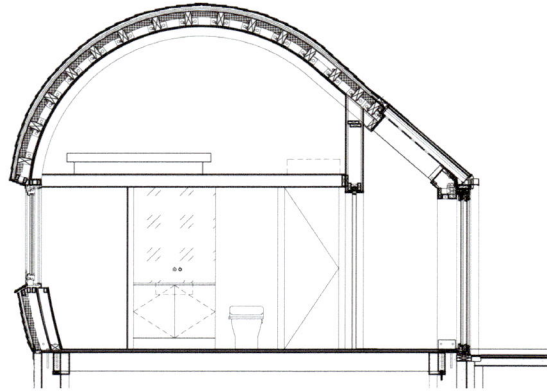

Section

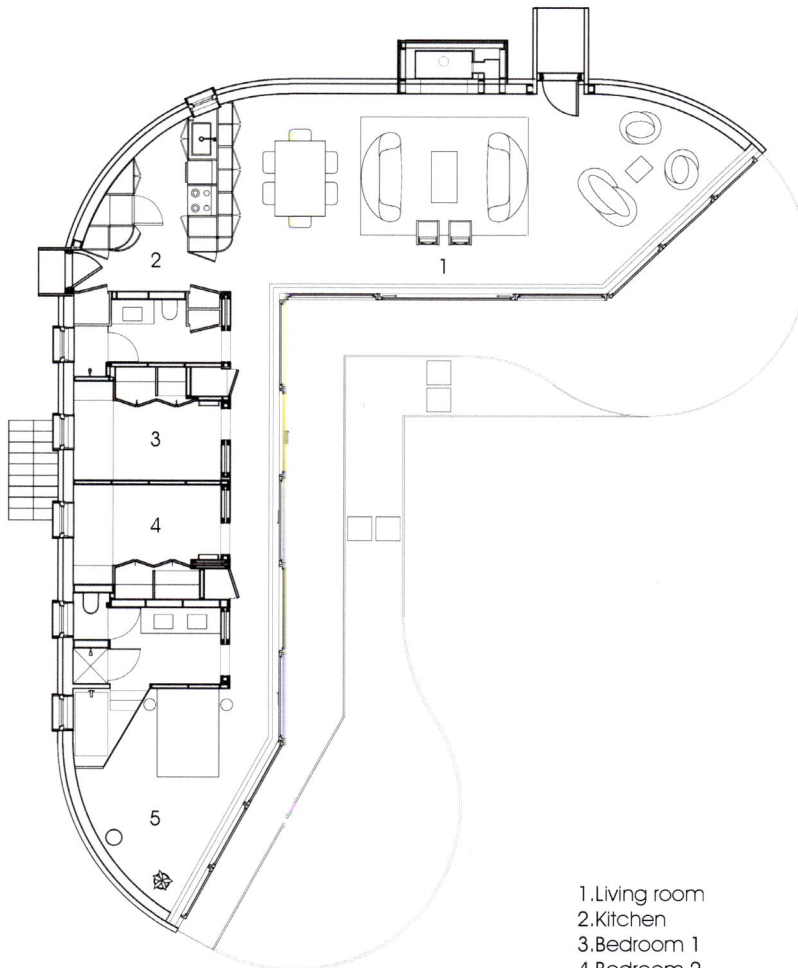

Floor plan

1.Living room
2.Kitchen
3.Bedroom 1
4.Bedroom 2
5.Main bedroom

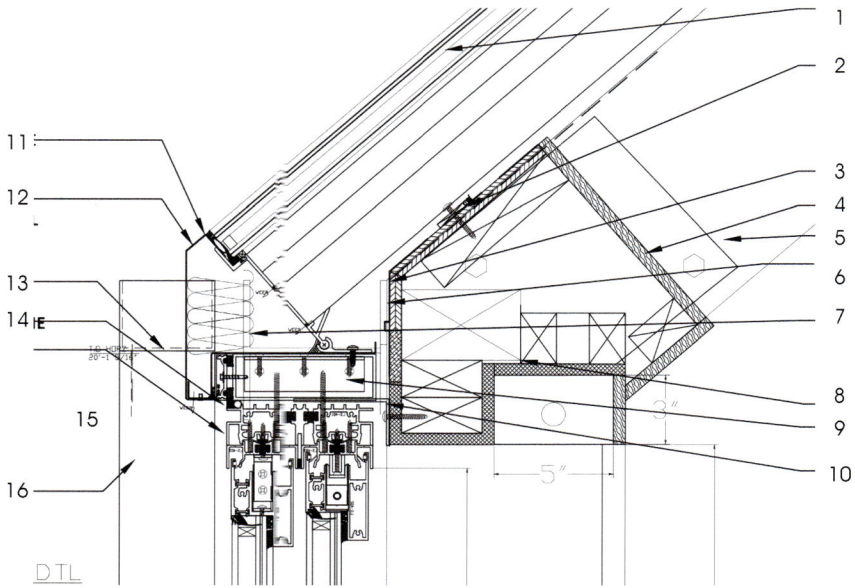

Construction detail

1. Skylight with onyx 20% photovoltaic glass
2. Waterproofing membrane
3. Vapor barrier
4. Ply. soffit
5. Unalam truss
6. Solitex mento 1000 tescon vana tape at all joints
7. Dense pack insulation
8. Southern pine 3' x 5'
9. Fill cavity with insulation
10. Bracket fixing to glulam post
11. Wet silicone
12. Continous metal cover panel
13. Gutter
14. Wet silicone
15. Local metal strip fixed to aluminium slidingdoor frame
16. Downspout

Knotties

Solar Chandelier

CASA GUAYACAM

Nosara, Guanacaste, Costa Rica | Architect: Salagnac Arquitectos | Photos: © Andres Garcia Lachner

This house designed for the architects themselves is situated in the foothills of Nosara, in a location surrounded by primary rainforest and with a splendid view of the sea.

Due to the steep slope of the land, the house is developed on two levels. The lower, shorter level contains the main entrance, parking, study and service areas. The upper level contains the bedrooms and common areas and takes full advantage of the ocean views. The layout and floor plan structure is developed using a modular layout that contributes to spatial order, streamlines the construction process and reduces material waste. A serial, half-open slat grid system allows for cross ventilation through the facades and creates a changing light pattern in the interior spaces during daylight hours.

The house was built in masonry, metal, wood and glass using construction methods common to the area. The woodwork was done by local craftsmen, and the wood used was teak from controlled plantations. The building has a solar panel system that provides 100% autonomy day and night.

Esta casa diseñada para los propios arquitectos autores del proyecto se sitúa en las faldas montañosas de Nosara, en un lugar rodeado de bosques tropicales primarios y con una espléndida vista al mar.

Debido al fuerte desnivel del terreno, la casa se desarrolla en dos niveles. El inferior, más corto, contiene el acceso principal, parking, estudio y zonas de servicio. El nivel superior contiene los dormitorios y las zonas comunes y explota al máximo las vistas hacia el océano. La distribución y la estructura en planta se desarrollan mediante un trazo modular que contribuye al orden espacial, agiliza el proceso constructivo y reduce el desperdicio de materiales. Un sistema de entramado de tablillas seriadas entreabiertas permite la ventilación cruzada a través de las fachadas y crea un patrón de luz cambiante en los espacios interiores durante las horas de sol

La casa se construyó en mampostería, metal, madera y vidrio bajo métodos constructivos comunes de la zona. El trabajo de la madera fue hecho por artesanos locales, y la madera utilizada fue teca de plantaciones controladas. El edificio cuenta con un sistema de paneles solares que proveen un 100% de autonomía día y noche.

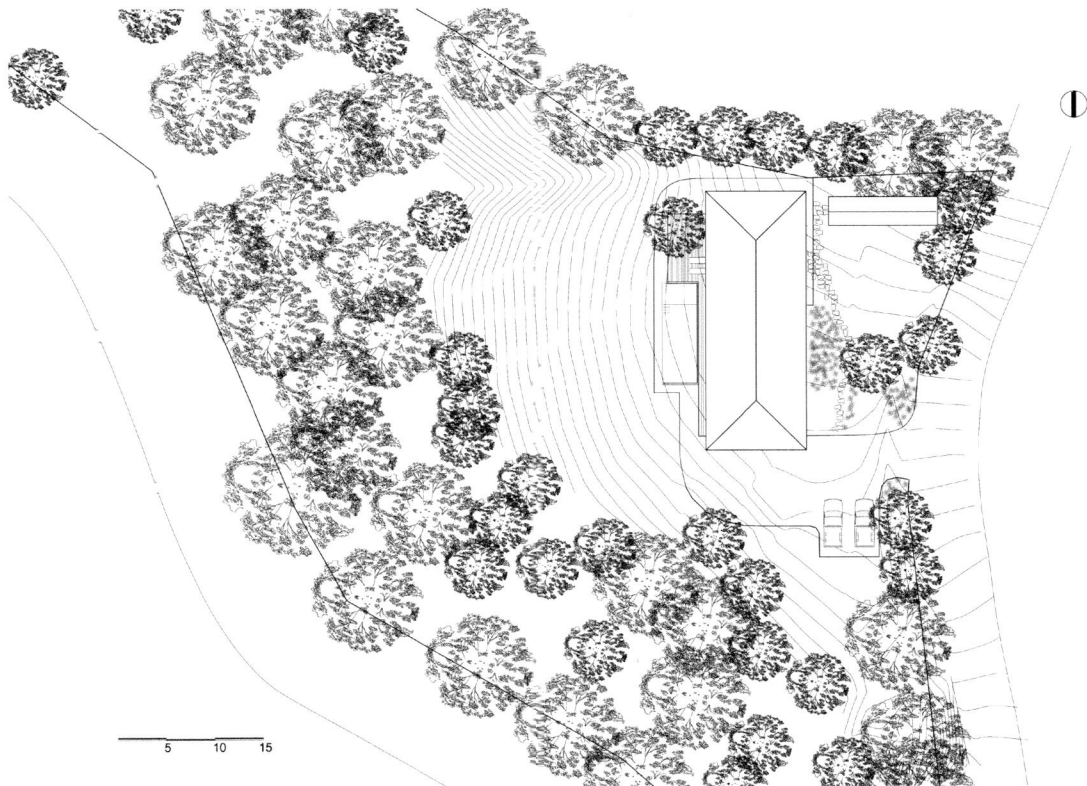

Site plan

The starting point for the design was to develop an
elongated north-south façade to orient most of the spaces
towards the sea view and to set the house as far back from
the public street as possible to preserve privacy.

El punto de partida del diseño fue desarrollar una fachada
alargada de norte a sur para orientar la mayoría de los
espacios hacia la vista al mar y alejar la casa lo más
posible de la calle pública para preservar la privacidad.

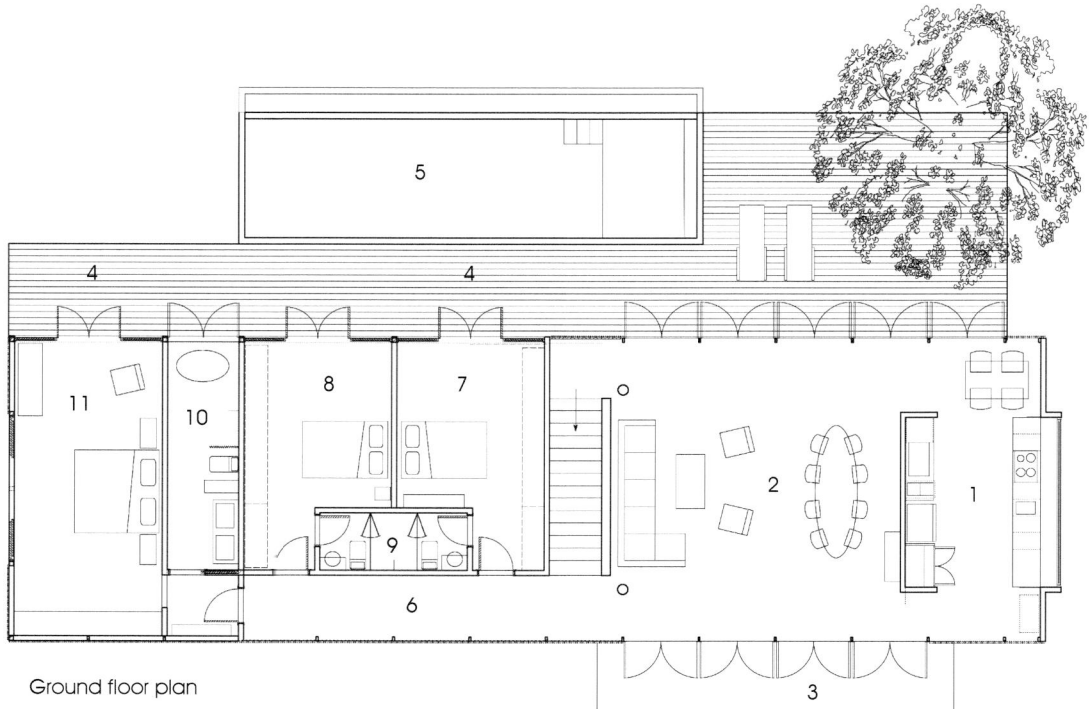

Ground floor plan

1. Kitchen
2. Living / dining room
3. East terrace
4. West terrace
5. Pool
6. Corridor
7. Bedroom 1
8. Bedroom 2
9. Bathroom
10. Master bathroom
11. Master bedroom

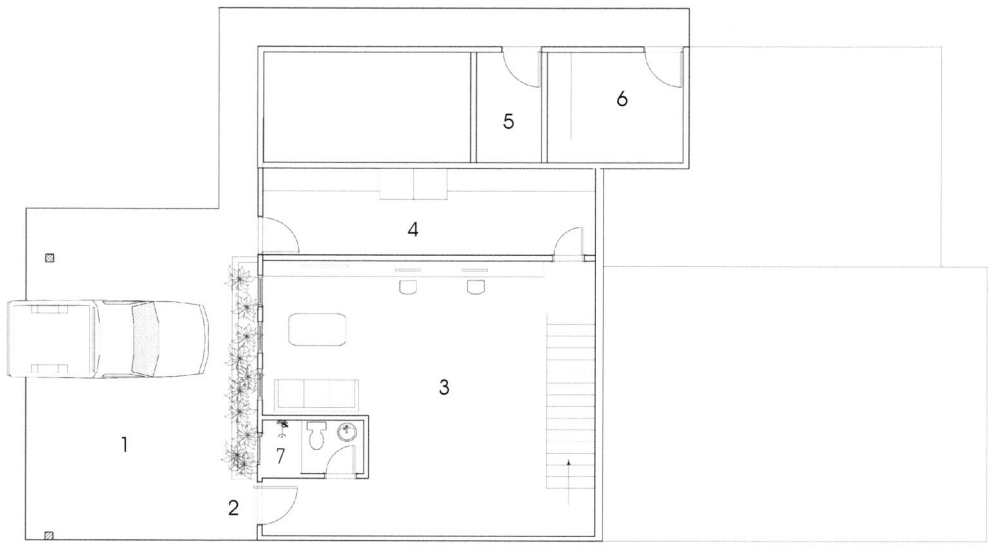

Basement plan

1. Garage
2. Access
3. Office
4. Laundry
5. Mechanical room
6. Cellar
7. Guest bathroom

MARTAK PASSIVE HOUSE

Masonville, Colorado, United States | Architect: Hyperlocal Workshop | Photos: © Andrew Michler

MARTaK is the first international certified passive house in Colorado. The project investigates how site-specific architectural design and environmental ambition can work in concert. The massing is inspired by the local mountains called hogbacks but also evokes a traditional cabin. The Passive House model shows the project —which is built off-grid—to perform at more than twice the certification level and experience has proven the standard to be comfortably reliable in reducing energy use to a bare minimum while improving occupant well-being and comfort. The project won the 2018 Green Home of the Year from Green Builder magazine.

A building that can be reabsorbed by nature after all non-natural materials have been removed for recycling is the ultimate sustainable goal.

A simplified floor plan, a sunken shower, and an access ramp make the cabin accessible for guests with disabilities.

MARTaK es la primera casa pasiva certificada internacionalmente en Colorado. El proyecto investiga cómo el diseño arquitectónico específico del lugar y la ambición en el progreso medioambiental funcionan de manera efectiva conjuntamente. El volumen se inspira en las montañas locales llamadas hogbacks, pero al mismo tiempo evoca una cabaña de estilo tradicional. El modelo de casa pasiva muestra el proyecto -que se construye fuera de la red- para funcionar a más del doble del nivel de certificación. La experiencia ha demostrado que el estándar es enteramente fiable para lograr reducir el uso de energía al mínimo, al tiempo que mejora el bienestar y la comodidad de los ocupantes. El proyecto ganó el premio Green Home of the Year 2018 de la revista Green Builder.

Un edificio que pueda ser reabsorbido por la naturaleza después de que se hayan retirado todos los materiales no naturales para su reciclaje es el objetivo sostenible por excelencia.

Una planta simplificada, una ducha hundida y una rampa de acceso hacen que la cabaña sea accesible para los huéspedes con discapacidades.

Elevations

A simplified floor plan, a sunken shower, and an access ramp make the cabin accessible for guests with disabilities.

Una planta simplificada, una ducha hundida y una rampa de acceso hacen que la cabaña sea accesible para los huéspedes con discapacidades.

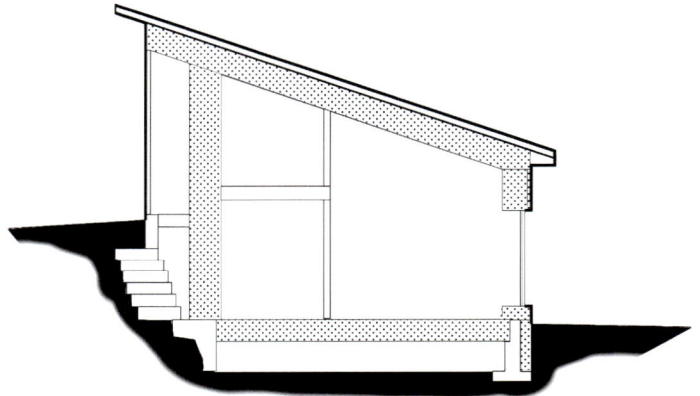

Section

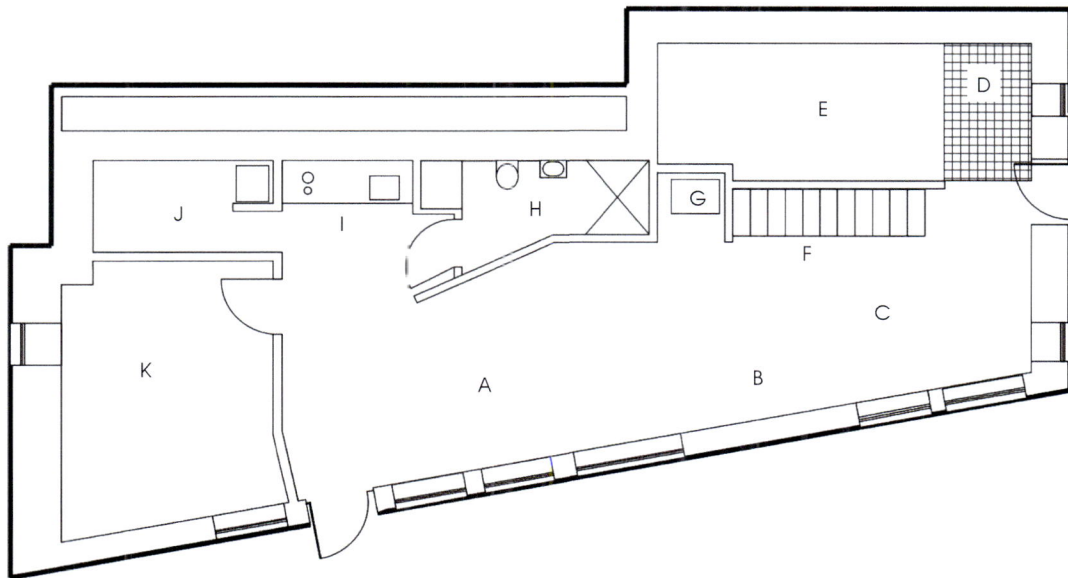

Floor plan

A. Dining area
B. Sofa sleeper
C. Living area
D. Net bed

E. Loft bedroom
F. Library
G. Washer/dryer
H. Bathroom

I. Kitchen
J. Pantry
K. Master bedroom

The design draws from contemporary small residential Japanese architecture utilizing an open floor plan and a restrained material palette. Along with the copious use of FSC plywood and lumber are a nail-lam wall and floor, ceramic and slate tile, and cedar pickets.

El diseño se inspira en la arquitectura japonesa contemporánea de pequeñas residencias, con una planta abierta y una paleta de materiales sobria. Junto con el uso abundante de madera y contrachapado FSC, hay una pared y un suelo de madera clavada, baldosas de cerámica y pizarra, y piquetes de cedro.

A step tansu staircase made from simple boxes anchors the elongated living space while providing useful storage. The small loft features a net bed, which gives kids a place to nest while providing daylight and an acoustic and visual connection with the main floor.

The home's angled south face and asymmetrical interiors reduce complexity responding to the Passive House Planning Package energy modeling, which encourages simpler shapes for efficiency.

Una escalera hecha con cajas sencillas ancla el espacio vital y su extensión, a la vez que proporciona un útil espacio de almacenamiento. El pequeño altillo cuenta con una cama de red, que ofrece a los niños un lugar para anidar, a la vez que proporciona luz natural y una conexión acústica y visual con la planta principal.

La fachada sur en ángulo de la casa y los interiores asimétricos reducen la complejidad en respuesta al modelo energético del Paquete de Planificación de Casas Pasivas, que fomenta las formas más sencillas para la eficiencia.

Compact kitchen units come as one unit or in a few pieces that are meant to be assembled. They make the most of limited space providing full or partial service. They are ideal for small temporary accommodations such as mountain refuges or beach cottages.

Los muebles de cocina compactos se presentan como una unidad o en unas pocas piezas destinadas a ser ensambladas. Aprovechan al máximo el espacio limitado proporcionando un servicio completo o parcial. Son ideales para pequeños alojamientos temporales, como refugios de montaña o casas de campo en la playa.

Wide window ledges provide small breakout spaces for a more intimate experience with nature outside.

Physical disability should not prevent someone from enjoying the log cabin experience. Extra-wide doorways, wide turning spaces, curbless showers, and countertop heights are adjusted to ADA requirements.

Las amplias repisas de las ventanas proporcionan pequeños espacios de descanso para una experiencia más íntima con la naturaleza en el exterior.

La discapacidad física no debe impedir que alguien disfrute de la experiencia de esta cabaña de madera. Las puertas extras y anchas, los espacios de giro amplios, las duchas sin bordillos y las alturas de las encimeras se ajustan a los requisitos de la ADA.

WEEK'NDER

Madeline Island, Wisconsin, United States | Architect: Lazor / Office Design | Photos: © George Heinrich

Designed for a family of three and their guests, the Week'nder is open and airy, taking in the beauty of the natural setting in all directions. Due to the high cost of construction on the island, the cabin was conceived as a prefab formed by two modules, which were transported to the island by ferry. All of the cost-intensive aspects of the construction, were integrated into the prefab modules. A large room of panelized construction and pitched roof was installed in the space between the two modules. Natural and readily available materials—plywood, pine, and corrugated and flat metal sheets—lend the cabin a rustic feel balanced by color and texture contrasts. Inspiration was the site itself, defining the experience at the Week'nder.
The Week'nder opens and closes, its facades shifting from dark and opaque to light and transparent. The two parallel modules set a datum line above which a gable roof rises like a tent.

Metal fins outside the windows of the two long sides of the cabin act as shading devices, minimizing heat gain and glare. Moreover, the window side of the fins is painted white to reflect the light toward the interior spaces. They are centered at the foot of the built-in-beds evocative of a ship berth.

Diseñada para una familia de tres componentes y sus invitados, la Week'nder es una vivienda abierta y ventilada, y permite disfrutar de la belleza del entorno natural en todas las direcciones. Debido al elevado coste de la construcción en la isla, la cabaña se ideó como un prefabricado formado por dos módulos, que se transportaron a la isla en ferry. Todos los aspectos más costosos de la construcción se integraron en los módulos prefabricados. En el espacio entre ellos se instaló una gran sala de construcción panelada y techo inclinado. Los materiales naturales y fácilmente disponibles -madera, pino y láminas metálicas onduladas y planas- confieren a la cabaña un aire rústico equilibrado por los contrastes de color y textura. La inspiración surgió del propio emplazamiento, que define la experiencia en el Week'nder.
El Week'nder se abre y se cierra, y sus fachadas pasan de ser oscuras y opacas a claras y transparentes. Los dos módulos paralelos establecen una línea de referencia sobre la que se eleva un tejado a dos aguas, similar a una tienda de campaña.

Las aletas metálicas situadas fuera de las ventanas de los dos lados largos de la cabina actúan como dispositivos de sombreado, minimizando la ganancia de calor y el deslumbramiento. Además, el lado de la ventana de las aletas está pintado de blanco para reflejar la luz hacia los espacios interiores. Están centradas a los pies de las camas empotradas que evocan un camarote de barco.

A screen porch extends the western module, offering a unique and sheltered semi-outdoor space facing the forest, while floor-to-ceiling windows on two sides of the central lounge open the cabin to the surroundings.

Un porche de malla prolonga el módulo occidental, ofreciendo un espacio único y resguardado al aire libre frente al bosque, mientras que las ventanas de suelo a techo en dos lados del salón central abren el espacio al entorno.

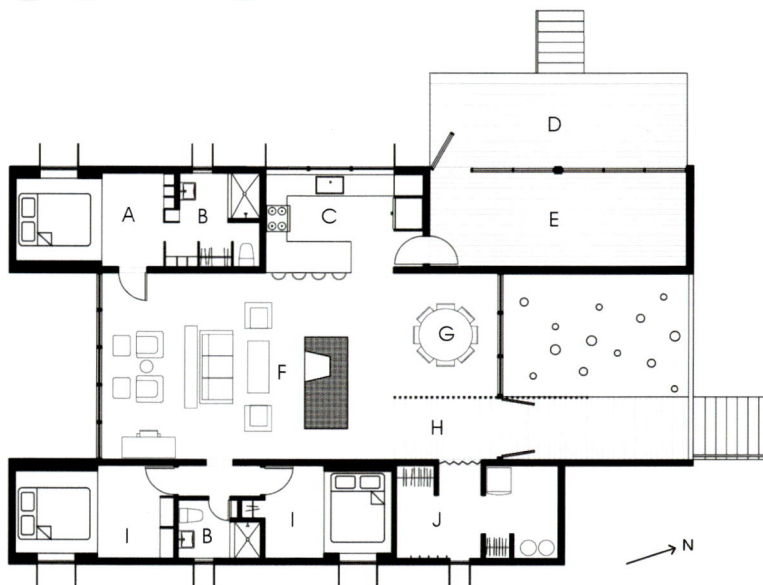

Floor plan

A. Master suite
B. WC
C. Kitchen
D. Deck
E. Screen porch
F. Lounge
G. Dining
H. Entry
I. Bedroom
J. Laundry room

The duality created by opaque and transparent surfaces on the cabin's exterior is taken to the interior through screens made of thin posts, separating spaces, while maintaining an open plan feel and enhancing the shifting qualities of daylight. Interior and exterior is blurred by the prairie grass that rolls into a kind entry court.

The articulation of interior spaces through semitransparent partitions allow the separation of functions while maintaining a considerably open feel.

La dualidad creada por las superficies opacas y transparentes del exterior de la cabaña se traslada al interior a través de pantallas hechas con finos postes, que separan los espacios, al tiempo que mantienen una sensación de planta abierta y potencian las cualidades cambiantes de la luz del día. El interior y el exterior se desdibujan con la hierba de la pradera que se enrolla en un amable patio de entrada.

La articulación de los espacios interiores a través de tabiques semitransparentes permite la separación de funciones manteniendo de manera considerable la sensación de apertura.

Clerestory windows are architectural features that add visual interest to a building while allowing generous natural light and glimpses of seasonal foliage and the different colors of light from dusk to dawn to illuminate the interior.

Prominent features such as the fireplace and kitchen peninsula create precincts of space for specific uses and guide spatial circulation avoiding walls and other types of partitions, creating a voluminous open space, atypical of prefabricated houses.

Las ventanas de claristorio son elementos arquitectónicos que añaden interés visual a un edificio, al tiempo que permiten que la generosa luz natural y los destellos del follaje estacional y los diferentes colores de la luz desde el atardecer hasta el amanecer iluminen el interior.

Los elementos destacados, como la chimenea y la península de la cocina, crean recintos de espacio para usos específicos y guían la circulación espacial evitando muros y otros tipos de tabiques, creando un espacio abierto voluminoso, atípico de las casas prefabricadas.